_____ 님의

성공과 행복을

진심으로 기원합니다.

돈과 운의 법칙

돈과 운의 법칙

당신도 부의 트랙에 올라설 수 있습니다

남택수 지음

서三삼독

〰〰 운의 좋은 흐름을 유지하기 위해 스스로의 의지로 노력하는 건, 마치 자신을 수양하는 것과 같다고 생각합니다. 또한 자신의 힘으로 얼마든지 운을 만들어내고, 그 흐름을 바꿀 수 있다고 생각합니다. 운은 상당히 주관적인 관점이니까요.

하지만 방향성 없는 노력이나 업을 대할 때면 독단적인 결정이 어떤 선입견을 낳거나 이로 인해 독선에 빠질 수도 있다는 생각이 듭니다. 그럴 때 이 책으로 운의 흐름을 더욱 강하게 만드는 카운슬링을 받을 수 있었습니다. 뭔가 잘 풀릴 때는 오히려 주변이 더 고요해진다는 얘기에는 위안을 얻기도 했습니다.

하루 한 시간도 허투루 쓰지 않으며 노력하는 요즘 사람들에게 잠시 숨을 고르고 자신을 돌아보게 만드는, 심호흡 같은 이 책을 추천합니다.

— **안정호**(시몬스 대표이사)

남택수 선생님에게 늘 많은 도움을 받고 있는 저로서는 이번에 책을 출판한다는 말씀을 듣고 멋진 일이라고 생각했습니다. 사업적으로 또는 개인적으로 힘들 때 의논을 하곤 하는데요. 선생님의 상담은 굉장히 디테일하고 과학적입니다. 수많은 데이터를 바탕으로 체계적으로 분석해주어 만족도가 대단히 큽니다. 하여 이번에 이렇게 책을 출판하심을 진심으로 기쁘게 생각합니다. 남택수 선생님의 건승을 기원합니다.

— **김중도**(앙드레김디자인아뜨리에 대표이사)

상한선은 없습니다,
좋은 운을 최대치로 끌어내세요

―――――― ҈ ――――――

"운은 쓸수록 줄어드나요? 제가 소소하게 자주 당첨이 되는데, 지인이 저에게 운을 함부로 다 쓰지 말라고 하네요. 그런가요? 운에도 '총량의 법칙'이 있나요?"

상담하러 오신 어떤 분의 질문입니다. 답을 드리겠습니다.

"아닙니다. 운에 있어 총량의 법칙은 없습니다."

저는 책의 서두를 이 얘기로 시작하려 합니다. 23년간 참 많은 사람들을 만났습니다. 사업가와 투자자들이 가장 많았고요. 정치인, 연예인 분들도 많이 상담을 해드렸습니다. 일반 회사원이나 주부들도 뵈었지요.

보면요. 잘되는 분들은 천장이 없다고 할 만큼 끝없이 잘됩니다. 높이도 없고 폭도 없습니다. 그냥 잘됩니다. 네, 운에는 총량이 없습니다. 아니 정확히 표현하면요. 인생에서 운의 총량이 정해진 것이 아니라, 운을 쓸 수 있는 좋은 구간(시간)이 정해져 있습니다. 그럼 어떻게 해야 할까요?

나의 운에서 가장 좋은 구간을 파악하고, 그 구간에 내인생 최대 에너지를 쏟아 넣어야죠! 이것이 핵심입니다. 살다 보면 분명 나보다 노력을 안 하던 사람이 더 빨리, 더 크게 성공하는 경우를 봅니다. 그럴 때 좀 허무했던 경험 있으시죠? 그분들은 좋은 운을 쓸 수 있는 구간을 최대한 활용하고 집중한 겁니다. 좋은 구간에 최대치의 노력을 투입해 성공에 이르는 시간을 단축한 셈입니다.

좋은 운을 쓸 수 있는 시간에 에너지를 집중하면, 그 성공과 부의 크기는 가늠할 수 없을 정도로 커집니다. 큰 부자가 된 사람들이 어떻게 부를 축적했는지 궁금하시죠? 그분들은 차근차근 단계를 밟아가며 부를 쌓아 큰 부자가 된 걸까요? 아니면 특정 구간에 큰 수익을 올려 한꺼번에 많은 부를 축적했을까요? 맞습니다. 후자인 경우가 대부분입니다.

우리가 익히 아는 거부들, 또 제게 상담하러 오는 많은 부자들과 얘기를 나누고 관찰을 해본 결과는 이렇습니다. 특정 구간에 한 일이 잘되어 큰돈을 벌고 그것을 기반으로 빠르게 부를 확대해가는 경우가 훨씬 더 많았습니다. 물론 부자 부모를 둔 금수저, 은수저는 예외이고요.

저는 수업 중에 이런 말을 하곤 합니다.

> "감히 여러분 운의 한계를 스스로 정하지 마세요.
> 누구도 그 크기는 모릅니다."

모두에게 주어진 총알의 개수는 다행히도 같습니다. 그래서 공평한 거죠. 그 총알을 '언제 어떻게 쏘아서 백발백중하느냐' 그것이 관건이죠. 명중률을 높이는 것이 중요합니다. 그럼 똑같은 개수의 총알로 명중률을 높이려면 어떻게 해야 할까요?

최선을 다해 가장 좋은 시점을 기다리고, 그 순간에 모든 에너지를 집중해 발사해야겠죠? 운이 좋은 구간에 있을 때는 단 한 발의 총알밖에 없다는 비장한 마음으로 임해야 합니다.

누구에게나 운이 좋은 구간은 여러 번 주어집니다. 네, 기회는 여러 차례 찾아옵니다. 그 기회를 어떻게 쓰느냐에 따라 다양한 모습과 결과가 있을 뿐이죠. 좋은 운을 최대치로 끌어내는 것은 각자의 몫입니다.

《돈과 운의 법칙》은 여러분들이 자신의 좋은 구간, 좋은 시간을 찾아서 최대한의 길운을 누리기를 바라는 마음으로 쓴 책입니다. 그러니 적극적으로 읽어주세요. 활용해주세요. 실행해주세요. 한 챕터, 한 챕터 허투루 쓴 것이 하나도 없습니다. 일독하시고, 실행해보시고, 시간이 흐른 뒤에 다시 읽어보세요. 그때는 또 다른 눈으로 읽힐 겁니다.

이 책을 읽는 모든 분들이 운의 그릇을 끝없이 넓혀가기를 진심으로 바랍니다.

돈과 운의 법칙 (2) : 파도에 올라타기
"흐름에 올라타세요, 삶이 훨씬 더 편해집니다"

돈과 운의 법칙 ⑶ : 흐름 바꾸기
"누구나 부의 트랙에 올라설 수 있습니다"

"철저한 준비가 스스로의 운을 만든다."

― **조 포이어** ―

돈과 운의 법칙 ⑴
개념 이해하기

"무조건 안 되는 사람은 없습니다"

언제나 최대치의 노력을 하면서 살려고 하지 마세요.
운의 흐름에 따라 완급 조절을 하세요.

결국에는
돌고 돌아요

운의 회전목마

많은 사람들이 "운이 뭔가요?"라고 묻습니다. 단순하게 대답하기가 참 어려운데요. 책 전체의 지면을 빌려 차근차근 설명해드릴 테니 잘 들어주세요.

운이 좋다는 뜻, 운이 나쁘다는 뜻

'운'의 일반적인 정의는 "이미 정해져 있어 사람의 힘으로는 바꿀 수 없는 결과"입니다. 별로 노력하지 않았는데 좋은 결과를 얻었을 때는 "운이 좋다"라고 하고, 꽤 노력했는데도 결과가 안 좋으면 "운이 나쁘다"라고 말합니다. 대부분은 이렇게 운을 '좋다', '나쁘다'로 나눕니다. 또 더 세부적으로 나눠 '대길, 길, 평, 흉, 대흉'으로 설명하기도 하고요.

그런데 운은 시시각각 변하는 것이라고들 합니다. 그럼 어떤 운이 좋은 것이고, 어떤 운이 나쁜 걸까요? 별 기대를 안 했는데 결과가 좋다거나 아무리 노력해도 되는 일이 없을 때가 있습니다. 이럴 때 "운이 따라줬다", "운이 없었다"라고 말합니다. 대부분은 '금전적으로 혹은 업무적으로 일이 잘 풀렸을 때'를 운이 좋았다고 말합니다. 이를테면 다음과 같은 경우입니다.

1. 경쟁에서 이겨 목표를 달성했다.
2. 소망했던 일이 이뤄졌다.

인생은 경쟁의 연속이라 해도 과언이 아닙니다. 크든 작든 살면서 소망하는 것들이 있는데요. 잘 안 풀리는 경우가 더 많습니다. 그게 일상입니다.

소소한 예를 들어볼게요. 저는 스타벅스 텀블러를 사고 싶었습니다. 그런데 아침 일찍 가서 줄을 서야 했는데 바쁜 일이 있어 가지 못했어요. 일을 마치고 뒤늦게 압구정동에 위치한 스타벅스 매장을 돌아다녔지만 살 수 없었죠. 그리고 한 지점에서 제가 그토록 사고 싶었던 텀블러를 들고 있는 손님을 봤습니다. 그게 마지막 텀블러였습니다. 순간 '이 지점을 먼저 올걸' 하는 후회가 밀려왔죠. 운이 따라주지 않은 날이에요.

반대로 이런 일도 있었습니다. 제가 2016년에 청약을 넣어 당첨된 송도 힐스테이트 아파트는 순전히 타로점을 보고 결정한 겁니다. 큰 기대하지 않고 넣어봤죠. 타로점이 좋게 나와서 5분 안에 결정을 내렸지요. 그리고 운 좋게 당첨이 되었어요. 물론 그 후에 당첨된 것은 없습니다. 제 운이 다른 사람의 운을 이길 정도는 아니었던 거죠. 경쟁률 낮은 데서 좋은 결과를 얻은 셈인데, 그래도 떨어진 사람보다는 운이 좋았던 겁니다.

좋기만 해서는 안 됩니다, 더 강해야 합니다

한정된 재화와 시간으로 원하는 것을 어떻게 얻을 수 있을까요? 그것도 남들과 경쟁을 해야 한다면 말입니다. 여러 가지 조건들이 맞아떨어져야 하겠지만 동일한 조건이라면 운이 따라줘야겠죠. 그리고 여기에는 다음과 같은 질문이 전제되어야 합니다.

"다른 사람보다 내 운이 얼마나 더 강한가?"

운을 믿는 사람들은 자기 운이 좋으면 결과를 마냥 긍정적으로만 생각하는 경향이 있습니다. "요즘 운이 좋으니까 내가 당첨될 거야", "길운이라고 했으니 내가 무조건 계약을 따내겠지?"라고 생각하는 식이죠. 물론 경쟁률이 3대 1이면 그럴 가능성도 있습니다.

하지만 경쟁률이 100대 1 정도 되면 어떨까요? 결과 예측이 복잡해집니다. 아무리 운이 좋아도 뜻대로 되기가 쉽지 않습니다. 수많은 사람들과 경쟁해야 합니다. 다시 말하면 수많은 사람들의 '운'과 경쟁해야 합니다. 물론 어려움을 극복하고 행운을 거머쥘 수도 있겠지요. 결국 자기 앞에 주어진 조건과 환경 등을 어떻게 받아들이고 어떻게 대응하는지에 따라 운의 결과도 달라지는 거니까요.

전 우주가 나를 방해하는 순간에는

운이 좋지 않을 때란 혹자의 말로 표현하면 "전 우주가 나를 방해할 때"입니다. 그래서 뭘 해도 안 풀릴 때는 그냥 가만히 있는 것도 좋은 방법이라고 말씀드립니다. 일종의 체념 같은 거죠. 저는 손님들에게 달이 바뀌는 절기까지, 혹은 3개월 이상 참아보라고 권합니다. 여러분도 이런 말을 들어보신 적이 있을 겁니다.

"안 되는 걸 되게 하려 하지 말고, 되는 걸 더 잘되게 하라."

열심히 노력했는데도 이상하게 너무 일이 안 풀린다면, 숨을 고르고 그 자리에서 멈춰서서 스위치를 바꿔보세요. 동적 모드에서 정적 모드로요. 겨울잠을 잔다고 상상해도 좋습니다.

새롭게 일을 벌이거나 직장을 옮기거나 하는 걸 바라겠지만, 지금 가지고 있는 것을 지키는 것도 굉장히 중요합니다.

운이 풀리지 않는 구간에 들어섰다는 감이 왔나요? 그렇다면 정적 모드에 들어가서 지키는 것에 집중하세요. 다음에 찾아올 길운의 구간에 한껏 힘을 발휘할 수 있도록 힘을 비축하는 기간으로 삼는 겁니다.

여러분, 운이라는 건 좋았다 나빴다 계속 바뀌는 겁니다. 그러니 생각대로 일이 진행되지 않는다고 풀 죽어 지낼 필요는 없어요. 나쁜 운의 파도가 치고 있다고 생각하세요. 그러니 이 파도가 잠잠해질 때까지만 기다리세요. 파도가 멈추면 꼬여 있던 일도 의외로 쉽게 풀리게 됩니다.

마냥 좋은 것도, 마냥 나쁜 것도 없습니다

일이 계속 풀리지 않을 때는 내가 통제할 수 있는 상황이 아님을 받아들이세요. 어쩌면 좋은 운도 없고 나쁜 운도 없다는 말이 맞는 것 같기도 합니다. 호사다마(好事多魔). 여러분도 많이 들어봤을 거예요. 좋은 일에는 탈이 많다는 뜻입니다. 방해도 많고 많은 풍파를 겪어야 함을 의미하는 말이죠. 제가 손님들하고 이야기할 때 가장 많이 해드리는 말이기도 해요.

전화위복(轉禍爲福)이라는 말도 있죠. 저를 찾아온 분이 안 좋은 상황을 겪을 때는 액땜이라며 위로해드립니다. 호사다마, 전화위복 두 단어를 들여다보면 결국 인생사 새옹지마(塞翁之馬)임을 다시 한번 느낍니다. 손님들도 이렇게 말합니다.

"A를 해서 너무 좋았는데 나중에 보니 다 쓸데없는 행동이었다."

"B를 할 때 쓸데없는 짓을 한다고 생각했는데 뒤돌아보니 다 쓸모가 있더라."

"C라는 사람을 선택했을 때 최고의 선택을 했다고 생각했는데 시간이 지난 뒤 보니 더 나은 사람이 있더라."

길흉화복은 변화가 많아서 예측하기가 참 힘듭니다. 그

돈과 운의 법칙 (1) : 개념 이해하기

예측 불허한 가운데에서 우리는 늘 선택의 기로에 서죠. 그리고 결과는 기대와 다르게 나올 수도 있습니다.

누구나 선택지 앞에서는 망설일 수밖에 없습니다. 그 선택이 인생의 방향을 결정하니까요. 예를 들어 어떤 사람이 뺑소니로 다친 사람을 보고 도와주다가 중요한 약속을 지키지 못했다고 가정해봐요. 약속을 어겼으니 손해 또는 불편함이 발생하겠죠. 그러나 피해자에게 도움을 준 덕분에 경찰에서 감사패를 받았어요. 여러분이 그 자리에 있었다면 어떤 선택을 할까요. 각자의 가치관에 따라 선택하겠죠.

운으로 볼 때는 이와 같은 상황을 어떻게 판단해야 할까요. "남이 겪는 흉운에 엮여 중요한 약속도 못 지키고 흉값했네!"라고 해석할 수도 있겠네요. 하지만 운의 흐름은 변화무쌍해서 경찰에서 받은 감사패가 당장의 흉값을 미래의 기회로 만들어줄 수도 있습니다.

그렇다면 선택을 잘하려면 어떻게 해야 할까요. 저는 이런 말씀을 드립니다. 무조건 운기가 좋을 때 시작하세요. 운의 흐름에 따라서 나서야 할 때가 있고 멈춰야 할 때가 있습니다. 나서야 할 때 행동하지 않으면 기회를 놓치고, 반대로 멈춰야 할 때 나서면 안 좋은 일이 생기는 거죠.

나서야 할 때를 알려면 자신의 근본을 알아야 합니다.

태어난 '연, 월, 일, 시'를 보면 알 수 있어요. '사주팔자(四柱八字)'라고도 하지요. 하늘과 땅의 기운을 나타내는 10개의 천간과 12개의 지지가 조합된 사이클로 사람마다 근본이 다릅니다. 이 근본이 여러 변화를 겪으며 성장해 지금의 내가 된 것입니다. 각자 그때그때 선택한 길에 따라 같은 사주라도 다른 삶을 살아가는 것이고요.

각자의 근본은 언제 무엇을 해볼 수 있는지를 가늠하게 해줍니다. 그렇다고 전부 실행으로 이어지지는 않아요. 저도 나설 때, 멈출 때를 알면서도 결단을 내리지 못할 때가 많습니다. 그래서 늘 불만이지만 그게 인간의 모습이라 생각하며 받아들이고 삽니다.

운의 방향이 바뀔 때
어떤 패턴이 나타납니다

그런데 운의 흐름이 나쁜 방향으로 갈 때와 좋은 방향으로 갈 때 일정한 패턴이 있습니다. 흐름이 바뀌기 전에 반대의 사건을 만납니다. 비유하자면 과속방지턱 같은 것을 만나 차에서 덜컹, 하고 소리가 나는 식입니다.

좋은 방향으로 갈 때는 작은 트러블이 먼저 생깁니다.

예를 들어 모처럼 외출을 하려는데 누가 내 차 앞에 차를 대놔서 옴짝달싹 못 하는 상황이 되는 거죠. 그러면 저는 "오늘 운이 좀 트이려나?" 합니다. 그러고는 차 주인한테 전화를 합니다. 그랬더니 역시 전화도 빨리 받고 달려와서 금방 차를 빼줍니다. 운이 좋아지려는 신호입니다.

반대로 나쁜 방향으로 갈 때는 시작이 참 좋습니다. 예를 들면 누군가로부터 이런저런 제안을 받습니다. 나는 대단한 평가를 받은 사람처럼 우쭐해집니다. 그런데 과연 좋은 상황일까요? 상대는 어떤 생각을 하고 있을까요? 상대에게 나는 활용할 만한 가치(인간계는 가성비를 무척 잘 따지죠)가 있거나 함께하고 싶은 사람일 겁니다. 그것만으로도 상대의 제안을 고맙게 생각해야 할지도 모르겠다고요? 그러나 통상적으로 상대의 제안에는 계산이 깔려 있습니다. 만약 그때 상대의 운이 나의 것보다 좋다면 상대에게 끌려갑니다. 그리고 그 사람의 목적에 맞게 아낌없이 활용되겠죠.

사람들은 누군가로부터 제안을 받으면 이를 중요한 기회로 여깁니다. 하지만 잘 생각하셔야 합니다. 안타깝지만 그러한 제안의 대부분은 인생을 상승시키는 기회로 연결되지 않습니다. 연애도 사업도 동업 제안도 이런 과정으로 시작됩니다. 이어서 크고 작은 사건이 터지지요.

스스로 도전하는 것을 어려워하는 사람은 누군가의 제안을 쉽게 수락합니다. 혼자서는 불안하니까요. 그러나 아시잖아요. 홀로 도전하고 깨지면서 얻는 값진 경험들이 더 큰 기회를 만들어낸다는 것을요. 남이 주는 달콤한 기회에는 독이 들어 있을 수 있습니다. 처음에는 상대가 귀인처럼 느껴지지만 어느 순간 원수로 변할 수 있는 거죠.

한 번 더 정리하면, 어떤 일을 시작하려는데 소소하게 방해받는 느낌이 들면 잠시 멈춥니다. 긴장을 풀고 생각을 바꿔봅니다. '어? 좋게 풀릴 운인가?' 생각하고 도전해봐도 좋습니다. 작은 어려움이 인생의 방향을 제대로 알려주기도 합니다. 그리고 누군가가 달콤한 제안을 하면 휩쓸리지 말고 끝까지 함께할 수 있는 일인지 냉정하게 생각해봐야 합니다. 인간은 서로 도우며 살지만 동시에 언제 욕심을 부릴지 알 수 없는 동물입니다. 괜히 궁합을 보는 게 아닙니다.

귀 기울여보세요,
운이 들립니다

흐름 알아차리기

앞에서 운에 대해 간략하게 정의해보고, 좋은 운과 나쁜 운에 대해 알아보았습니다. 여기에서는 운의 흐름에 대해 본격적으로 얘기해보려 합니다.

운은 '시기'를 가리킵니다

사람들은 보통 한 인간에게 어떤 일이 일어나는 걸 운이라고 생각하지만, 엄격하게 말하면 '시기' 또는 '타이밍'을 의미합니다. 그 시기를 세 가지로 구분해봤습니다.

1. 선택 가능한 시기의 운
2. 선택 후 확장되는 시기의 운
3. 선택해선 안 되는 시기의 운

1번의 '선택 가능한 시기의 운'은 선택을 해서 결과를 보기까지의 넓은 시기입니다. 예를 들면 A 시기에 선택을 한 뒤 B 시기까지 노력해서 C 시기에 결과를 맞는 것이죠.

3번 '선택해선 안 되는 시기의 운'일 때에는 말 그대로 선택을 해선 안 됩니다. 나쁜 운이거든요. 어쩔 수 없이 버텨야 하는 상황입니다. 1번과 2번이 인생을 걸고 노력해야 하는 시기라면, 3번은 90퍼센트 이상의 확률로 불운한 사건이 일어나는 시기입니다. 예를 들어볼게요.

2009년부터 2012년까지 소송이 이어졌습니다. 빌려준 돈을 받지 못해 보내야 했던 내용증명이 무려 20건이나 됐죠. 법무사 도움을 받았어도 심리적 부담이 크더라고요. 다행히 나중에는 전체 운이 상승해서 잘 마무리되긴 했지만요. 그러다 2021년부터 2023년 지금까지 다시 소송이 진행중입니다. 이번에는 퇴거와 명도 소송입니다. 문제가 생기면 소송으로 이어진다는 선례가 과거에 생겼고, 운이 반복되는 시점이 오자 그 선례가 동일하게 발생하게 된 겁니다. 이렇게 쌓인 경험들은 제 뇌에 흉운 데이터로

돈과 운의 법칙 (1) : 개념 이해하기

저장되어 있습니다.

대운과 세운이 바뀌면 특정 사람들이 저를 많이 찾아옵니다. 10년 주기로 바뀌는 것은 대운, 1년 주기로 바뀌는 것은 세운이라고 합니다. 대운과 세운이 사주의 오행과 작용해 어떤 운으로 변화하는지 궁금한 거지요. 대부분 3번 시기에 들어간 사람들, 즉 일이 잘 풀리지 않는 사람들이 퇴사, 이직, 공부와 관련한 질문을 하러 옵니다.

흥미로운 사실은 흉운인 시기에는 꼭 사건이 벌어진다는 점입니다. 예를 들어 돈을 날리거나, 소송을 하거나, 구설수에 오르거나, 누군가와 갈등을 겪다가 헤어지거나, 수술을 하거나, 죽는 경우입니다. 우리가 일반적으로 안좋은 일이라고 말하는 사건들을 겪습니다. 당연히 심신의 고통이 따르죠.

길운일 때는 저절로 실수를 피해갑니다

반대의 경우는 어떨까요? 길운일 때는 운의 흐름이 확장됩니다. 인간관계가 넓어지거나, 귀인을 만나거나, 일이 잘 풀리거나, 꽉 막혔던 문제가 좋게 해결됩니다. 심지어 내가 만나는 상대의 운도 잘 풀리고요. 그리고 이런 길운

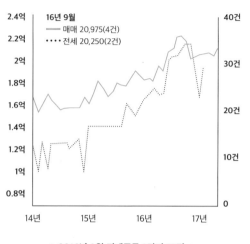

● **2016년 9월 퇴계주공 3단지 32평** ●

들이 누적되면 한 단계 더 도약하는 기회로 이어집니다. 이제부터 제 이야기를 해보려 합니다.

2016년 9월이었습니다. 당시 퇴계주공 3단지 아파트 매매를 고민합니다. 당시에는 무갭(매수가와 전세가가 같음), 천갭(매수가와 전세가 차이가 1,000만 원임)으로 아파트를 사들이던 시절이죠. 좋은 날과 시간을 잡아 부동산 중개소에 전화를 합니다. 그런데 2억 1,000만 원에 사겠다고 했는데도 다음 날까지 아무 연락이 없더군요.

며칠이 지나 전화했더니 집주인이 2억 1,500만 원을 주지 않으면 팔지 않겠다는 겁니다. '아 왜 이러지?' 하면서 머리가 복잡해지려는 순간 '좋은 운이 오려고 이러나?' 하는 생각이 퍼뜩 들더군요. 그리고 매수를 포기했습니다.

그로부터 4년 후 그 아파트 단지 매매가를 다시 검색해 봤습니다. 3,000만~4,000만 원이 떨어져 있더군요. 그때 알았습니다. 집주인이 왜 태클을 걸었는지요. 제가 실수한 것이 아니란 것을요. 그뿐만이 아닙니다.

같은 시기에 절치부심하고 다른 아파트를 매수하려고 했죠. 그런데 이번에도 또 1,500만 원을 올려달라는 겁니다. '뭐야, 다들 짰나?' 싶고 짜증이 나더라고요. 결국 저는 두 물건을 모두 사지 못했습니다. '이 시기에 이 지역에서 무갭, 천갭도 못 맞추다니' 하고 쯧쯧 혼자서 혀를 찼죠. 500만 원 더 올려주고 살걸 그랬나 하는 후회도 했죠.

그런데 그 뒤로 상황이 이상하게 흘러가는 거예요. 갑자기 집값 떨어지는 소리가 들리고 역전세 분위기까지 나더라고요. 이상하지 않나요? 분명 제 운이 괜찮던 시기였는데 무갭, 천갭도 맞추지 못해 사지도 못했어요. 그러더니 그 뒤 가격이 쭉쭉 떨어진 거죠.

그때 알았습니다. 좋은 운이 오는 시기에는 실수를 해도 탈 없이 흘러간다는 것을요. 마치 '구사일생'처럼요. 만약 이때 이런 일을 경험하지 못했다면 앞으로 같은 상황

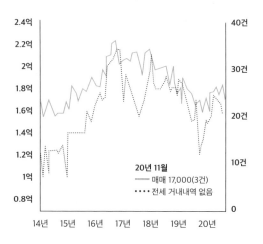

● 2020년 11월 퇴계주공 3단지 32평 ●

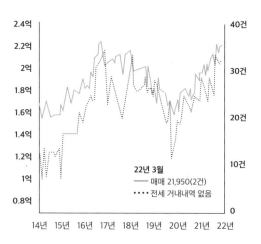

● 2022년 3월 퇴계주공 3단지 32평 ●

돈과 운의 법칙 (1) : 개념 이해하기

이 왔을 때 "까짓것 500만 원 더 쓰면 되지 뭐!" 할 수도 있었을 거예요. 하지만 '돈이 더 들어갈 운이 아닌데 왜 이렇게 상황이 꼬이지?' 하는 의문이 들면서 고민이 시작됐고, 결과는 시간이 증명해주었습니다.

대부분의 사람들은요. 좋은 운이 온다고 하면 대박이 터지는 상황을 기대합니다. 그런데 아무 준비도 안 했는데 대박이 터질 리 있나요? 그런 일은 절대 없습니다. 좋은 성적표는 그만큼 노력을 해야 받는 거지요. 아무리 운이 좋아도 준비와 노력이 없으면 결과도 없습니다. 저는 무슨 일이든 열심히 하라고 조언합니다. 그래야 운의 덕을 제대로 받을 수 있기 때문입니다.

최상의 운에 있을 때는요. 무슨 일을 하든 이상하게 고요함을 느낍니다. 마치 눈 내리는 겨울밤 같은 느낌이랄까요. 설날 아침 차 하나 없는 조용한 도로 같은 분위기도 느껴지고요. 세상의 모든 것이 멈춰 있는 듯합니다. 그러한 풍경 속에 저만 있는 거죠. 그럴 때는 마치 뜨거운 비밀을 혼자 간직한 듯 가슴이 벅차오릅니다.

그리고 뭔가 좋은 일이 일어날 것 같은 예감이 듭니다. 일을 추진하는데도 거리낌이 없습니다. 이렇듯 기운이 좋은데 누가 감히 공격을 할까요? 나는 왕처럼 선택을 합니다. 매우 위엄 있게요. 이런 느낌! 대충 짐작이 가시죠?

"개운이란 게 가능한가요,
어떻게요?"

운명론과 개척론 사이에서

성공한 사람일수록 점을 많이 본다는 얘기를 들어보셨을 거예요. 네, 사실입니다. 점은 본래 국왕이나 지위가 높은 사람들의 것이었습니다. 영화에서 왕이 신탁을 받으러 법사나 제사장을 찾아가는 장면을 보신 적이 있을 겁니다. 실제로 점은 최상위 계층을 위한 것이었습니다. 그것이 인본주의의 한 시대를 거치면서 민간에 내려오게 되었지요.

그래서 점은 운이 좋아질 때 자신의 생각에 확신을 갖거나 자신의 성공을 증명하기 위해 오는 경우가 대부분입니다. 운이 나쁠 때는 너무 힘이 들다 보니 점을 보러 올 생각을 못 하는 경우가 많습니다. 그렇다면 어떤 관점으로 점을 보는 것이 좋을지 점술가로서 한번 얘기해보겠습니다.

일단 사주를 보는 관점에는 두 가지가 있습니다. 운명론과 개척론인데요. 저는 둘 다 맞다고 생각합니다. 바꾸지 못할 운도 있고, 바뀔 만한 운도 있습니다.

운명론의 관점 :
같은 사주를 갖고 태어난 사람들

운명론의 관점은 결국에 '자기 사주대로 산다'라는 거잖아요. 그런데 사주가 같은데도 상당히 다른 위치에서 사는 사람들이 많습니다. 신기한 건 삶의 형태나 위치가 달라도 사는 느낌은 같다는 거예요. 힘든 구간에서는 같이 힘들게 느끼고, 좋은 구간에서는 같이 좋다고 느껴요.

이들은 삶의 매 순간에 같은 방향의 고민을 하긴 하지만, 선택하는 위치가 다르고 누리는 삶의 질이 다릅니다. 일례로 같은 사주로 태어난 사람도 어떤 주변 환경에 어떻게 노출되느냐에 따라 만나는 배우자가 달라지고 하는 일이 달라집니다.

그런데요. 연타로 30년 동안 안 좋으면 대부분 다 비슷하게 안 좋아요. 재물, 건강, 직업 등에서 악재를 피하지 못합니다. 초년 30년간 구간이 안 좋은 분들의 경우는 자기 성격을 잘 모르는 경우도 태반입니다. 키도 안 커요. 상황에 눌리고 많이 당해서 본인의 기량을 잘 모르는 경우가 많죠.

반대로 30년간 연속으로 운이 좋으면 이야기가 달라집니다. 앞에서 가장 좋은 운이 왔을 때는 눈 내리는 겨울밤의 고요함, 백지와 같은 상태라고 했지요? 그러다 보니 초반에는 부모나 환경의 영향을 엄청나게 받으면서 그 중 가장 길한 선택을 하게 됩니다. 철저하게 부모나 환경에서 보고 배운 가치관 프레임을 따라갈 수밖에 없죠.

본인이 좋은 사주이고 공무원을 좋아하는 부모를 뒀으면 철저하게 고위직 공무원을 노립니다. 본인이 좋은 사주이고 사업하는 부모 밑에서 자란 사람은 돈과 사업만 생각합니다.

예외가 있긴 합니다. 기숙학교에 다니는 등의 이유로 10대부터 부모와 떨어져 생활하면 부모 프레임을 벗어나는 경우가 꽤 됩니다. 부모를 벗어난 상태로 사회에서 배운 프레임을 갖게 되는 거죠. 이렇게 다른 프레임을 가지면서 삶의 위치가 달라지더라도 운의 위치가 비슷한 사람끼리는 또 잘 어울립니다.

수많은 사례를 상담하며 제가 발견한 것은 '어떤 직업을 가졌는가에 상관없이 해당 분야의 최상위에 있는 사람들의 운의 구조는 같다'라는 점입니다. 그러니까 사주대로 산다는 운명론은 구조 측면에서 보면 맞지만 디테일로 들어가면 꼭 들어맞진 않는 거죠. 개인의 사주는 같지만 부모의 사주, 배우자의 사주, 자식의 사주가 다르기 때문이죠. 같은 사주지만 주위 사람들의 영향력을 계속 받으면서 자라고 살아가기 때문에 비슷하지만 다른 인생을 산다는 얘기입니다.

개척론의 관점 :
성공의 경험이 중요합니다

그러면 개척론의 관점에서 보면 어떨까요? 개척론은 운을 바꿀 수 있다는 관점이죠. 개운에 관심 있는 분들이 정말 많아요. 저한테 보러 오시는 분들도 개운 이야기를 참 많이 하세요.

"이름을 바꾸면 원하는 배우자를 만날까요?"

"몸에 금을 두르면 돈이 붙는다는 게 사실인가요?"

흠, 제가 보기에는 좀 말이 안 된다 싶은 얘기도 많이 듣습니다.

앞에서 말씀드렸지만 저는 운명론과 개척론, 둘 다 맞는 부분이 있다고 생각합니다. 실제로 운을 개척할 수 있도록 여러분을 도와드리는 일을 하고 있기도 하고요.

개운을 하는 데 있어 가장 유력한 방법으로 저는 사람, 환경, 택일, 실행, 이 네 가지를 꼽습니다. 이것은 나중에 따로 자세히 말씀드릴게요. 여기에서는 개운에 대한 전반적인 관점에 대해서만 언급하겠습니다.

방법이야 여러 가지겠지만, 중요한 것은 '어떻게'가 아닐까 싶습니다. 예시로 집을 이사하는 경우를 한번 볼까요? '1월 10일 오시(11:30~13:30)에 남남서방향 10킬로미터 이내 지역으로 이사' 이렇게 24방위(주역의 8괘와 10간, 십이지를 사용해 각 방위의 간격을 15도씩 나누어 이름 붙인 것)로 상세하게 설명하는 점술가가 있으면 꼭 믿고 그대로 해보세요. 그분은 진짜입니다. 저도 이사할 때 24방위로 따져서 이사 시기와 지역을 선택합니다. 특히 사무실은 1년 전부터 준비해서 무조건 맞춥니다.

그리고 개운이라고 하면 다들 너무 크고 대단한 것으로 생각하는데요. 꼭 그렇진 않습니다. 바로 우리 옆에 있는 방법도 있습니다. 아실 거예요. 다이어트입니다. 현실적으로 우리 일상과 가장 가깝고 현실적인 개운은 다이어트입니다. 무슨 말이냐고요? 살을 빼는 것은 실제로 개운에 도움이 됩니다. 생각해보세요. 다이어트에 성공하면, 외모가 바뀌고 건강이 좋아지고 자신감이 생기고 외부 활동량이 늘어나고 인맥이 많아집니다. 그만큼 정보량이 늘어나고, 투자와 성공의 기회가 확대됩니다. 물론 각자 하기 나름입니다만, 개운의 입구가 열리는 것은 사실입니다. 그러니 현재 자기 몸무게의 5퍼센트를 뺀 상태로 유지만 잘해도 개운에 근접하시는 겁니다.

흔히 운이 좋은 사람은 정말 열심히 살 것으로 생각하는데, 그렇기도 하고 그렇지 않기도 합니다. 초반부터 운이 좋은 사람은 굳이 무언가를 할 생각을 안 합니다. 이미 충분하다고 생각하죠. 그래서 제가 "뭘 더 해보세요"라고 하면 "네에? 네에~" 이렇게 반응합니다.

한편 운이 좋지만 초년부터 유학 등으로 부모와 떨어져 살면서 혼자 살아야 했거나 형, 동생들과 연년생이라 싸움과 경쟁으로 살아온 분들은 불안정해지는 것에 대한 감이 강합니다. 그래서 "지금 낌새가 뭔가 해야 할 거 같은데요?"라고 먼저 서두를 던집니다. 그러면 저는 "2022년 2월, 6월부터 시작하시죠"와 같은 식으로 대답해드립니다. 그런 분들은 감이 참 좋은데, 그 이유는 '운이 좋은 구간을 여러 번 경험해봤기' 때문입니다.

이를 통해 우리는 어떤 생각을 할 수 있을까요? '나의 운이 좋은 구간에 최대한 좋은 경험을 하고 좋은 선택을 다 해봐야겠구나' 하는 생각을 해볼 수 있겠죠. 사실 바로 그 구간을 알기 위해 점을 보는 겁니다. 그래야 나의 운을 최대한 써서 목표를 이룰 수 있기 때문입니다.

운을 바꿀 수 있는 구간이 있는데 아무것도 안 하면 어떻게 될까요. "죽 쒀서 개 준다"라는 속담 아시죠? 자기에게 주어진 운조차 제대로 쓰지 못하고 그럭저럭 살아가게 되겠죠.

개운의 전제조건 3가지

그러면 이제 개척론의 관점에서 개운을 하기 위한 전제조건을 살펴보겠습니다.

1. 성장 과정에서 환경적 요인으로 인해 여러 가능성을 경험한 경우 : 부모나 환경으로 인해 다양하게 도전한 경험이 있다.
2. 성공과 실패를 반복하며 가능성의 크기와 방향을 몸소 경험한 경우 : 자수성가로 월 1,000만

원 이상을 벌며 성공한 경험이 있다.

3. '에라, 모르겠다' 식으로 그냥 도전했다가 한 번이라도 성공을 경험한 경우 : 뭐라도 해보겠다는 노력이라도 한다.

이 세 가지에 해당하는 분이면 앞으로도 개운이 정말 쉽습니다. 이런 분들과는 다음과 같이 대화를 합니다.

"제가 XXX를 해보려는데 YYY에 하면 어떨까요?"

"노노~ ZZZ가 더 나은 타이밍 같습니다. 조금만 시간을 미뤄보시죠."

"아, 그때 해보면 안 될까요?"

"음, 하셔도 되는데 ZZZ가 맞는 타이밍이니 해보시고 안 되더라도 일단 ZZZ까지 끌고 가보세요."

저와 상담을 해보신 분들이라면, 인생에서 개운을 익숙하게 활용하는 분들이라면, 익숙한 대화일 겁니다.

자, 이제 정리를 해볼까요. 운명론을 믿는 분들은 초기 환경에 영향을 많이 받아서 그때 형성된 프레임에 따라 자기 운의 흐름대로 삽니다.

개척론 관점에서 보면 운을 바꿀 수 있는 구간이라는 것이 존재합니다. 하지만 앞의 세 가지 전제 중 한 가지 이상을 경험한 사람들만이 다음 단계를 위한 노력이나 도전을 합니다. 그렇게 하나하나의 경험이 모여서 다음 운의 구간에 급작스러운 성공을 이룹니다. 큰 성공을 단 한 번에 이루는 사람은 극소수입니다. 훨씬 더 많은 사람이 운이 좋은 구간에 뭔가를 열심히 해서 이를 발판 삼아 큰 성공에 이릅니다. 그래서 "성공은 1차 함수가 아니다"라고 하는가 봅니다.

저의 역할은 여러분에게 운이 좋은 구간, 작은 성공을 해볼 수 있는 주제와 타이밍을 찾아드리는 겁니다. 인생을 통틀어서 안 좋은 구간만 가진 사람은 없습니다. 누구에게나 운이 좋은 구간이 반드시 있습니다. 부디 좋은 운을 누적하면서 다음 단계로 나아가는 '긍정적인 상승'이 함께하는 인생을 사시길 바랍니다.

대기업 사장과
슈퍼마켓 사장의 사주는
같습니다

시간과 성공의 그래프

비슷한 사주를 가진 두 분이 있습니다. 두 분에게 똑같이 개운하는 법, 잘되는 법을 말씀드립니다. 그런데 1년 후에 다시 만났을 때의 모습은 크게 다릅니다.

저는 정말 많은 분을 만나고 상담하면서 아무리 운의 흐름을 좋게 바꾸는 법을 알려드려도 '안 되는 사람은 결국에 안 되는 이유가 있구나' 하는 걸 많이 느낍니다.

운에는 구조만 있을 뿐
직업이 적혀 있진 않습니다

저는 23년간 상담을 해왔고 제대로 한 지는 18년 정도 됩니다. 그럭저럭 18년이 아니고 거의 쉬는 날 없이 꽉 채운 18년입니다. 일요일 하루 쉬기 시작한 것은 서른두 살부터입니다. 손님 한 명을 만나도 그분들이 지인이나 가족에 대해서도 묻기 때문에 제가 실제로 상담하는 사람의 수는 1년에만 최하 만 명은 가볍게 넘어갑니다. 지금까지 만나본 손님의 숫자는 수십만 명에 이르겠지요.

저를 만나러 오시는 분들은 다양합니다. 일반적으로 상상하기 어려운 분들까지 포함해 정말 별의별 사람들이 옵니다. 그중 상당수는 우리나라에서 트렌드를 가장 빨리 감지하고 일을 시작하는 분들이지요.

이렇게 다양하고 많은 수의 사람들을 만나 상담을 하다 보니 저는 어떤 분이 자기 사주에서 운을 최대로 뽑아내 효율적으로 쓰는지, 운을 최상격으로 썼을 때 어떤 일을 어느 정도까지 할 수 있는지 잘 알고 있습니다. 그만큼 데이터가 쌓여 있어요.

그중 크게 돈을 번 분들에게는 어떻게 해서 그 돈을 벌게 되어 그 자리에 있는지 여쭤봅니다. 300명에 한 명 정

돈과 운의 법칙 (1) : 개념 이해하기

도 그런 사람이 있습니다. 이게 저한테는 큰 공부가 됩니다. 그렇게 많은 분을 만나고 공부하면서 느낀 것이 있습니다.

운에는 구조만 있지 직업은 정해져 있지 않다는 것입니다. 무슨 말일까요? 예를 들어 운이 서비스업에 있으면 어느 쪽이든 서비스업을 하면 됩니다. 차를 팔든 보험을 팔든 커피를 팔든 어차피 그분은 그 업계에서 톱이 됩니다. 사업이 된다고 하는 분들은 어떤 사업을 하든 기본 이상을 하고요. 또 자신에게 맞는 업종을 이미 하고 계세요. 신기하게도요.

도전을 어려워하는 분은 회사만 다닙니다. 그런 분들 10명 중 1명은 사실 사업을 해도 잘합니다. 맞아요. 사주가 사업을 해도 문제가 없거든요. 자기 스스로 자신감이 없고 도전을 싫어할 뿐이죠. 그 1명이 더 잘되기를 바라는 마음으로 쓴 것이 이번 장입니다. 그러니 지난날은 흘려보내시고 앞으로를 준비하며 부디 열린 마음으로 읽어주시면 좋겠습니다.

성공한 사람들의 인생 그래프

다음 인생 그래프를 한번 봐주세요. 아는 분들은 아시겠지만 저는 일생의 사주를 그래프로 그려서 상담을 합니다. 그래프 모양이야 다양하지만, 다음과 비슷한 형태를 그리는 분들을 놓고 얘기를 해보겠습니다.

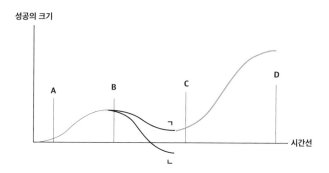

B, C, D 구간에 있는 분들은 돈을 벌어보았을 겁니다. 제게 오는 손님들이 주로 그런 분들이에요. 제가 자주 말씀드립니다. '점술은 성공하는 자의 것'이라고요. 잘되는 분들이 점을 훨씬 더 많이 봅니다.

그런데 문제는 아직 A 구간에 있는 분들입니다. 저는 이 사주를 가지고 잘된 분들, 즉 C 구간과 D 구간까지 간 분들이 어떻게 돈을 벌고 어떻게 그 위치에 올라갔는지 잘 알고 있습니다.

그래서 A 구간에 있는 분들이 "앞으로 어떻게 해야 하나요?" 하고 질문을 주시면 대답을 정말 빨리 해드립니다.

돈과 운의 법칙 (1) : 개념 이해하기

되면 된다, 안 되면 안 된다, 하고요. 그런데 '안 된다'는 답을 들으면 제가 싹을 잘랐다고 서운해하는 분들이 있습니다. 결국엔 ㄴ처럼 운의 하한선 아래로 내려가서 다시 올라오지 못합니다. ㄱ처럼 운의 상한선을 향해 가지 못한 분들은 계속 도돌이표를 찍습니다. 하한선으로 빠졌다가 A 구간으로 되돌아가서는 다른 점집을 찾아가 '되냐, 안 되냐' 또 묻는 거죠. 참 안타까운 일입니다.

'파레토의 법칙'을 아시나요? '80 대 20 법칙'이라고도 하죠. 정말 이렇게 됩니다. 20퍼센트만 운의 상한선으로 올라가고, 80퍼센트는 운의 하한선으로 내려갑니다. 더 안타까운 게 뭔지 아세요? 80에 해당하는 분들에게 20에 해당하는 분들이 어떻게 하는지를 알려드리면 10명 중 10명이 같은 대답을 합니다. "전 그거 모르는데요?"라든가 "전 관심 없는 건데요?"라든가, 아니면 "처음 들어요" 이런 식의 대답입니다. 그렇죠. 처음 듣죠. 왜냐면 A와 B를 넘어서 C와 D까지 가보지 못했으니까요. 그래서 그냥 80퍼센트의 세상이 전부라고 생각하며 안주하는 거죠. 정말 쉽지 않죠? 네, 설명하는 저도 쉽지 않습니다.

다시 말씀드리지만 운에는 사업가냐, 회사원이냐, 투자자냐, 백수냐 하는 구조만 있습니다. 이를테면 대기업 사장의 사주와 슈퍼마켓 사장의 사주는 틀이 같다는 겁니다. 사업가의 사주를 갖고 있다는 거죠. 믿기지 않겠지만 네, 기본적으로는 같습니다. 많은 것들이 사업의 규모를 결정짓는 데 영향을 끼칠 뿐인 거죠.

누구에게나 진로적성이란 게 따로 있을 것 같지만요. 그렇지 않습니다. 진로적성은 상위 5퍼센트의 직업, 이른바 '사'자 들어가는 직업을 갖는 사람에게나 해당하는 이야기입니다.

그러니까 사주는 업종이나 진로적성을 보려는 게 아닙니다. 그보다 더 큰 구조를 알기 위해 보는 겁니다. 사업이든 회사든 하부 카테고리는 제조, 서비스, 유통 세 가지뿐입니다. 더 세부적인 건 본인의 도전이에요. 이것이 제가 세상을 보는 관점입니다.

상승의 변곡점에 이른 후에는 어떤 일이 생길까

어찌 됐든 B까지 도달한 분들은 운이 좋은 편이에요. 그래도 시작은 했으니까요. 그러면 제가 C까지의 여정을 말씀드려요. 그래프에서 보면 C 구간에서 곡선이 아래로 향하죠? 맞습니다. 길이 있으면 흉이 있죠. 그래서 별로 안 좋은 이야기, 조심해야 할 이야기를 해드립니다. 결혼을 놓칠 수 있다, 동업이 깨질 수 있다, 자식이 초반에 운이 별로라 공부를 안 한다 등등.

C 구간에 해당하는 분들은 평균적으로 40대 중반이에요. 고생도 해볼 만큼 해보고 액땜도 겪을 만큼 겪은 분들이죠. 이분들과는 이야기 전개가 굉장히 빠릅니다. A 구간과 B 구간을 모두 경험해봤기 때문에 멈춰야 할 때와 나아가야 할 때를 잘 압니다. 왜 실수했는지, 왜 잘됐는지도 잘 알고요. 이분들에게 저는 인생의 다음 승리를 위해 베팅해야 할 기간을 찍어드립니다. 이젠 더 잘해야 하고 실수도 줄여야 하니까요.

A, B, C 구간까지는 거의 사주만 봅니다. 정형화되어 있고요. 그만큼 많이들 노력하는 구간입니다. 그런데 D 구간부터는 타로만 봅니다. 개인의 운 이상의 상황으로 넘어갑니다. D까지 올라간 분들은 크게 성공했으니 상담을 안 할 것 같죠? 아닙니다. 더 자주 옵니다. 제가 가장 정성을 들여 보는 분들도 D까지 간 분들입니다.

첫째, 복채가 다르고요. 둘째, 한 분이 움직이는 식솔 숫자가 다릅니다. 셋째, 진심으로 저를 믿어줍니다. 그래서 정말 잘되길 바라는 마음으로 보게 됩니다. '된다, 안 된다'도 더 확실하게 말씀드리고요.

물론 잘되기를 바라는 마음이야 A 구간에 있는 분들도 마찬가지입니다. 그분들이야말로 가장 힘들고 불안한 상황에 있기 때문입니다. 그런데 다시 말씀드리지만 늘 한결같이 저항에 부딪힙니다. "그건 또 뭐예요?"라며 표정이 어두워지거나 "내가 원하는 건 그게 아니에요!" 하고 흥분하기도 합니다. 변화와 도전을 무서워하고 싫어하니까요. 제가 이분들을 위해 할 수 있는 건 한 번 더 권유해드리는 겁니다. "그래도 좀 더 해보시죠", "집에 돌아가셔서 한 번 더 고민해보세요"라고 말씀드립니다. 제가 책을 쓰는 이유도 사실 이런 분들을 위해섭니다.

포기하지 말고 계속 부딪혀보는 게 중요합니다. A 구간에 있는 분들 가운데 단 한 분이라도 이 책을 읽고 C 구간까지 올라갈 수 있으면 정말 좋겠습니다.

메르세데스 벤츠를 타고
아우토반을 달리는 사람

운 그리고 능력

운을 살필 때 제가 같이 보는 것이 있습니다. 바로 오행에 따른 '성향'입니다. 운과 성향, 이 둘은 어떻게 다를까요? 운은 인간의 힘으로는 어쩔 수 없는 천운(天運)과 기수(氣數)를 뜻합니다. 성향은 성질에 따른 경향을 말하는데요. 저는 여기서 성향을 개인이 지닌 능력으로 보고 말씀을 드리겠습니다.

능력도 좋고 운도 좋은 사람,
능력은 좋은데 운이 좋지 않은 사람

삶을 좌지우지하는 중요한 요소로 능력과 운이 있습니다. 개인의 능력을 '자동차'에, 그 사람의 운을 '길'에 비유해보겠습니다. 그러면 아래와 같이 4가지 유형이 나옵니다.

1. 자동차도 좋고 길도 좋다.
2. 자동차는 좋은데 길이 안 좋다.
3. 자동차는 안 좋은데 길이 좋다.
4. 자동차도 안 좋고 길도 안 좋다.

1번 유형처럼 '자동차도 좋고 길도 좋으면' 능력도 좋고 운의 흐름도 좋다는 얘기입니다. 여기에 해당하는 손님들에게 설명을 해주면 대부분 "맞아요. 저도 그렇게 생각해요" 하면서 맞장구를 칩니다. 대화도 막힘이 없고 유쾌하게 끝납니다.

그런데 다 좋다 보니 어떤 분들은 노력하지 않고 현실에 안주하는 경향이 있습니다. 도전을 안 하시는 거죠. 이런 경우 자기만족으로는 그렇게 살아도 좋은데 옆에 있는 분들은 불만이 생길 수 있어요. 예를 들면 아내는 남편이 좀 더 큰 야망을 품길 바라는데 정작 본인은 퇴근하고 집에 오면 맥주 마시면서 넷플릭스 보며 행복해하시는 거죠.

그럼 2번 유형은 어떨까요. '자동차는 좋은데 길이 안 좋으면' 이건 능력은 있는데 운의 흐름이 막혀 있다는 의미입니다. 이런 분들은 자기 앞에 놓인 장애물을 뛰어넘기 위해 노력해야 합니다. 그래야 문제가 해결되거든요. 물론 안 좋은 길에서 자동차 성능으로 버티다가 좋은 길을 만나기도 합니다. 이 유형에 해당하는 분들 중에는 험난한 길을 스스로 터득한 방법으로 운전해서 나아가는 노력파들이 많지요.

돈은 1번 유형보다는 2번 유형의 사람들이 훨씬 더 많이 법니다. 특히 험난한 길 끝에서 직선도로를 만나면 대박을 터뜨립니다. 이런 분들은 사주에 귀인이 있고 배우자 덕도 좋습니다. 성실과 노력으로 장애를 너끈히 돌파할 수 있는 기질의 사람들이죠.

물론 아무리 노력해도 잘 안 풀리는 사람들도 있는데 이분들은 시간이 좀 걸릴 뿐입니다. 어떻게든 해결이 됩니다. 어려운 길 앞에서도 주저하지 않고 시동부터 거는 사람들이기 때문입니다. 도전정신에 노력을 통해 얻은 능력이 더해지면 인생의 다음 페이지가 쫙 펼쳐집니다. 그리고 드디어 쭉 뻗은 길을 만나는 거지요.

그런데 이때 주의할 것은요. 버티고는 있는데 자동차의 내구성이 나빠지는 경우입니다. 아무리 좋은 차도 내구성이 떨어지면 끝이죠. 큰 태풍 앞에서 어떻게 버틸 수 있겠습니까. 결국 되돌아가거나 차가 전복되는 상황에 맞닥뜨립니다.

능력은 부족한데 운이 좋은 사람,
능력도 부족하고 운도 좋지 않은 사람

세상 편한 팔자는 3번 유형입니다. '자동차는 안 좋지만 길이 좋은' 경우입니다. 개인의 능력은 별로인데 운이 좋은 사람들입니다. 물론 최상위급 사주는 아닙니다. 욕심이 별로 없고 늘 긍정적으로 삽니다. 스쿠터를 타고 훤하게 뚫린 길을 고속(?)으로 달리는 사람들이라고 할까요. 돈, 재산은 많지 않지만 탐욕이 없고 쉽게 쉽게 삽니다. 잘나가는 친구나 부모가 어려움이 있을 때마다 도움을 줍니다. 예를 들면 요트가 타고 싶으면 어느 날 요트를 가진 친구가 놀러 가자고 합니다. 가까운 지인이 해외 근무를 나간다며 자신의 집을 빌려줍니다. 그런 식입니다.

4번 유형은 '자동차도 안 좋고 길도 안 좋은' 케이스입니다. 이 유형의 분들은 평소에 저를 찾아오는 일이 거의 없습니다. 제가 출연한 방송을 보고 호기심에 찾아오는 분들이 더러 있을 뿐입니다.

만약 저를 찾아온 손님이 지인에게 "상담하러 갔는데 별 얘기 안 하고 짧게 끝내던데?"라고 말했다면 안타까운 일입니다. 이런 상황은 대부분 4번 유형의 사람들에게 벌어집니다. 상담이 길면 안 좋은 얘기를 많이 해야 하니까요. 능력도 안 되고 운도 좋지 않아 제가 적극적으로 조언을 드리기도 어렵고, 본인도 노력할 의지가 없는 경우가 대부분입니다.

벤츠를 타고 아우토반을 달리는 사람들

이 글을 읽는 여러분은 본인이 어떤 유형이라고 생각하시나요? 어떻게 보면 가장 안타까운 유형은 1번과 2번일지도 모르겠습니다.

1번 유형은 메르세데스 벤츠를 타고 아우토반을 시속 40킬로미터로 주행하는 분들입니다. 2번 유형은 벤츠를 타고 험난한 산악로를 덜컹거리며 달리는 분들이고요.

만약 여러분이 1번과 2번 유형 중 하나라면, 좀 더 힘을 내어보라고 말씀드리고 싶습니다. 더 노력하고 더 도전하면 잘될 분들이니까요.

메르세데스 벤츠 E클래스 2022 준대형 세단의 최고속도는 시속 250킬로미터입니다. 이 차를 타고도 느릿느릿 한결같은 속도로만 달리는 사람들은 대부분 도전이 없습니다. 발전이 없습니다. 인생이 왜 이렇게 지지부진한지 이해가 되지 않는다면 한번 돌아보세요. 자신이 어떤 속도로 달리고 있는지요.

무작정 250킬로미터로 달리라는 얘기가 아닙니다. 110킬로미터 속도로 살면서 일취월장의 인생을 바라면 안 된다는 얘기를 하는 겁니다. 본인이 벤츠에 아우토반이라는 능력과 운까지 모두 갖고 있다면 더욱더 말입니다.

그리고 벤츠를 타고 비포장도로를 달리느라 고생인 분들도 조금만 더 버텨주세요. 앞에서도 말씀드렸지만 진짜 잭팟은 이런 분들에게서 터집니다. 험한 길 끝에 직선도로가 나타나는 그 순간을 믿고 계속 달리기를 응원합니다.

진짜 인연인지, 가짜 인연인지 알게 될 거예요

관계 정리가 필요한 순간

우리는 수많은 인연을 만들면서 살아갑니다. 저마다의 명운에 따라 누군가를 만나고 헤어지는 거지요. 저를 찾아오는 분들과 대화를 나누다 보면 지인, 귀인, 손절한 인연에 대해 듣게 됩니다. 힘들어하실 때는 다독이는(?) 일도 많고요.

인연 : 가족, 그리고 가족이 아닌 사람들

잘못된 인연으로 인해 큰 어려움과 마주했을 때, 우리

는 종종 사주라는 걸 봅니다. 태어난 '연, 월, 일, 시'로 그 사람의 운명과 기질을 예측하는 거지요. 조금 어려워 보일 수도 있지만 우리 사주에 어떤 식으로 가족구성원이 들어와 있는지 한번 살펴보겠습니다.

흔히 '사주팔자(四柱八字)'라 하고, 더 정확한 표현은 '사주명리(四柱命理)'입니다. 사주는 4개의 기둥(연주, 월주, 일주, 시주), 팔자는 8개의 글자로 이루어져 있습니다.

時간 일, 자식, 외견, 말투	日간 나, 본래 성격	月간 父(부), 내면 성격	
時	日	月	年
甲	丙	壬	甲
午	•辰	申	午

巳　　　　子　　　　未

사주를 풀이하려면 음양뿐만 아니라 동양의 기본 사상인 5행(伍行), 즉 목·화·토·금·수(木·火·土·金·水)의 이론을 알아야 합니다. 이 5가지 요소들의 상생·상극 관계로 만물의 조화가 설명되거든요.

돈과 운의 법칙 (1) : 개념 이해하기

시	일	월	년
일, 외견, 아랫사람	나	부 윗사람	국가
자식, 돈	배우자	모	큰, 이동

사주팔자에서 나의 기운을 나타내는 건 일간입니다. 위의 그림을 보면 일간을 중심으로 월주, 시주의 5개 글자가 둘러싸여 있습니다. 내가 태어난 해를 의미하는 연주는 떨어져 있고요. 월주, 일주, 시주에 드러난 관계를 육친론이라고 합니다. 육친(六親)은 혈육관계를 의미합니다. 쉽게 말하면 가족구성원이지요. 사주에서 연주는 조상, 월주는 부모와 형제, 일주는 나와 배우자, 시주는 자식을 가리킵니다.

그렇다면 가족 이외 인간관계에서 좋은 인연, 나쁜 인연이란 게 있을까요? 그 얘기를 하기에 앞서 인맥에 대해 잠시 얘기해보겠습니다.

제 직업이 사람을 만날 수밖에 없는 일이라서 정말 많은 인맥이 있습니다. 하지만 속을 터놓고 이야기하는 친구와 어쩌다 도움을 주고받는 사람은 다릅니다. 이런 사람은 귀인이라 표현하지 않지요. 그리고 그 밖에 지인이 있지요. 비즈니스 관계 또는 동호회 등의 모임을 통해 가끔 만나 밥 먹고 차 마시며 일상적인 대화를 나누는 관계입니다.

우리는 사람을 사귀는 데 타고난 재주가 있거나 인간관계의 폭이 넓은 사람을 가리켜 마당발이라고 합니다. 이들은 화려한 인맥을 자랑하지요. 인간은 사회적 동물이라서 예나 지금이나 인맥을 아주 중요한 자산으로 생각합니다.

하지만 제아무리 마당발이라고 해도 인맥을 늘리는 데는 한계가 있습니다. 과연 몇 명 정도가 한계일까요? 이런 의문에 답이 될 만한 주장이 있긴 합니다. 옥스퍼드대 진화심리학자이자 문화인류학자인 로빈 던바 교수가 주장한 '던바의 법칙'입니다. 던바 교수는 인간이 안정적으로 관계를 형성할 수 있는 적정한 수를 절친 5명, 친한 친구 15명, 좋은 친구 50명, 그냥 친구 150명으로 숫자화했습니다.

그런데 이 숫자에서 누군가는 귀인이 된다는 거지요. 누가 귀인이 될지는 아무도 모릅니다. 어느 구름에서 비가 쏟아질지 모르는 것처럼요. 위기에 봉착했을 때 생각지도 못한 사람이 도움의 손길을 내밀 수도 있지요. 그래서 늘 관계를 잘 유지해야 합니다.

운이 변할 때는 주위 사람도 같이 바뀝니다

하지만 운의 변화란 게 있지요. 대개 짧으면 3년, 길면 7~12년마다 바뀝니다. 그리고 이 흐름이 바뀔 때 늘 사건이 일어납니다. 물론 언제나 이런 사건에 대비해 준비를 하면서 지낸다면 충격이 덜하겠죠.

제 경우를 말씀드릴까 합니다. 골치 아픈 일이 생길 때마다 도움을 주고받던 A라는 사람이 있었는데, 관계가 좀 시들해졌을 때예요. 당시 큰 사건이 터져 멘붕 상태였는데 도움을 기대했던 A에게서는 연락이 없고, 난데없이 손님으로 오신 C가 나서서 도와주겠다는 겁니다. 그러더니 원스톱으로 전부 해결해주시더라고요.

저와 A와의 인연은 뭐였을까요? 진짜 귀인은 C였을까요? 이후에 C와 엄청 돈독하게 지낸 것도 아닙니다. 가끔 안부나 묻는 사이일 뿐이에요. 신기하죠? 그런데 저만 이런 경험을 했을까요? 제 지인 중에도 같은 경험을 한 사람들이 많더라고요.

우주는 촘촘한 파장의 그물로 이루어져 있다고 하죠. 우리는 그 위에서 살아가고요. 누군가와의 만남은 우연일까요? 저는 그렇게 생각하지 않습니다. 우리가 알기 힘든 인과관계 속에서 내보내는 파장이 비슷할 때 서로를 알아보는 것 아닐까요?

지인보다 더 가깝게 다가와 도움을 주는 사람도 저는 그렇게 이해됩니다. 파장이 맞지 않을 땐 믿고 있었던 사람과 쌩하고 멀어지겠죠. 나를 도와준 사람은 그렇게 새로운 인연이 됩니다. 나도 운의 흐름에 따라 누군가에게 그때그때 귀인이 되겠죠.

귀인이란 늘 있는 존재가 아닙니다. 특정한 상황이 서로를 돌봐주게 하는 기운으로 작용하는 거지요. 이때가 내 운이 변하는 시점입니다. 운의 흐름이 달라질 때는 누군가와 멀어지거나 가까워집니다. 내가 의도하지 않은 만남과 이별이 있습니다.

여하튼 귀인을 만나면 좋은 인연이 되어 내 가치까지 달라집니다. 안 보이던 길이 보이기도 하고, 의식도 긍정적으로 바뀝니다. 그 후엔 어떻게 될까요? 일정 시간이 되면 자연스럽게 다음 운들과 이합집산하게 됩니다. 이때 중요한 건 '지금 나의 상태'를 체크해보는 것입니다. 앞으로 인연이 될 사람에게 어필할 나의 상태죠.

사람들은 끼리끼리 모인다는 말이 있습니다. 귀한 인연을 만나려면 그 수준에 걸맞은 품격을 갖춰야 합니다. 실상 귀인은 더 큰 도움을 줄 사람을 연결해줄 수도 있습니다. 하지만 그런 분을 언제든 만날 수 있는 상황과 자격은 내가 갖추고 있어야 한다는 거죠. 내가 아무 준비도 안 된

'빈손'이라면 손 내밀어 도와줄 생각을 하는 사람이 과연 있을까요. 앞에서도 얘기했지만 내가 귀인에게 해줄 수 있는 것이 있어야 귀인도 나에게 다가옵니다.

운이 상승하는 사람, 운이 하락하는 사람, 두 사람이 만났을 때

앞에서 운의 흐름이 짧으면 3년, 길면 7~12년마다 바뀐다고 말씀드렸는데요. 여기에는 손절이라는 의미가 들어 있습니다.

오래전 대학로에서 사람들에게 타로 운세를 봐줄 때 연애운 5천 원, 직업운 5천 원을 상담료로 받았습니다. 그러다가 압구정동으로 왔습니다. 그런데 건물주가 "여긴 압구정이에요. 복채로 1만 원에서 3만 원은 받아야죠"라고 하시는 거예요. 속으로 '오예!' 하고 소리를 질렀죠. 웬일인지 상담료를 그렇게나 올렸는데도 매일매일 바빴습니다. 그때 처음으로 제가 모은 돈으로 투스카니를 샀습니다. 날아갈 듯 기뻤죠.

그로부터 4개월 후 저는 여자친구에게 이별 통보를 받습니다. 수입도 두 배나 늘었고 새 차도 샀는데 여자친구는 왜 헤어지자고 했을까요? 이해가 안 되었죠. 아무튼 그 무렵 이별 말고도 사람 때문에 힘든 일이 많았습니다. 인연은 이렇게 알 수 없는 만남과 이별을 반복합니다.

많은 사람들이 사람과 사람 간의 궁합에 대해 궁금해하는데요. 여기에 대해 계속 얘기해보겠습니다.

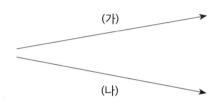

그림을 보면 (가)와 (나) 두 사람의 운의 흐름이 다르게 흘러갑니다. 운의 흐름이 위로 향하는 (가)와 아래로 향하는 (나) 중 어느 쪽이 헤어지자고 말할까요? 정답은 (나)입니다. 운이 상승하는 사람은 이런 상황을 전혀 감지하지 못합니다. 마치 봄이 와 있는 것을 어느 순간 갑자기 깨닫듯 좋은 일이 터지기 직전까지는 알아채지 못합니다.

하지만 운의 흐름이 아래로 내려가는 사람은 예민합니다. 눈에 거슬리는 것들이 한두 가지가 아니에요. 그래서 (나)가 (가)에게 볼멘소리와 악담, 어이없는 말들을 쏟아내다가 급기야는 이별 통보를 합니다.

여러분은 이런 상황을 어떻게 해결하시나요? (가)가 (나)의 마음을 헤아리며 관계 회복을 위해 노력해야 할까요? 아니면 헤어져야 할까요? 만약 이런 경우임에도 관계가 유지된다면 두 사람은 좋은 궁합입니다. (나) 입장에서는 (가)에게 고마워해야 합니다.

가까이해야 할 인연, 멀리해야 할 인연

요즘 일이 풀리지 않아 힘들다며 찾아와 상담한 분이 있습니다. 그러면서 이런 얘기를 덧붙입니다.

"평소 가깝게 지내는 사람이 있는데요. 그런데 이상하게 저를 깎아내리려고 해요. 은근하게 기분 나쁜 말을 하든지, 아니면 말도 안 되는 이유로 사람을 몰아붙여요. 안 그래도 일이 안 돼서 힘든데 말이에요."

그러면 저는 이렇게 말합니다.

"당신이 그분에 대해 착각하고 있는 겁니다. 가까운 사이가 아닌 거예요."

궁합이 맞지 않는데 그동안 아주 잘 맞는다고 착각하고 지낸 거지요. 이런 사람들은 정리하세요. 지금까지 수많은 사람들의 운세를 봐주면서 살아온 제가 적극적으로 드리는 조언입니다. 진짜 인연은 이렇게 운이 안 좋을 때 알게 됩니다.

간단하게 체크가 됩니다. 상대가 하는 말만 들어봐도 압니다. 내가 운이 안 좋을 때 특히 귀에 거슬리는 말을 계속하는 사람이 있습니다. 그것도 의지하며 믿었던 사람이요. 실제로 상담할 때 이런 질문들이 엄청 많이 들어옵니다. 이 사람 왜 이러냐고요. 그럴 때 저는 "축하드립니다. 드디어 어떤 인연이 진짜인지 가짜인지 알게 되셨습니다"라고 말씀드립니다.

이런 사람은 옆에 두지 마세요. 당장은 허전하겠지만 빈자리를 채워줄 또 다른 인연이 옵니다. 그때까지만 기다리세요. 인연은 그렇게 나가고 들어오는 겁니다. 때에 맞춰서 나가고 들어오는 인연은 어쩔 도리가 없습니다. 다들 겪어보셨을 거예요. 그토록 단단했던 사랑과 우정이 한순간에 변하는 것을요.

숱한 이별을 거친 뒤에 "X차 가고 벤츠 온다"라는 말을 들으면 실감하실 겁니다. 인연은 억지로 만들어지는 게 아닙니다. 자신과 맞는 사람에게 집중하세요. 안 맞는 인연은 놓아버리세요. 심지어 저도 궁합이 맞는 손님이 있고 안 맞는 손님도 있어요. 인간관계가 다 그런 겁니다.

하지만 여기서 중요한 건 이겁니다. 나와 잘 맞는 인연을 더

늘려야 한다는 거예요. 그리고 코드가 잘 맞는 사람을 더 많이 만나기 위해서라도 맞지 않는 사람은 멀리해야 합니다. 굳이 힘든 인연을 곁에 두고 속 썩을 필요는 없으니까요.

내가 선택한 인연이 진짜인지 가짜인지는 3~7년이 지나면 어느 정도 알게 됩니다. 자신이 필요할 때만 찾는 사람이 있고 정작 내가 필요할 땐 곁에 없는 사람이 있습니다. 어떤 사람이 진짜인지 눈여겨보세요. 일단 내가 힘들게 지낼 때 나를 무시하는 사람, 부정적인 말을 하는 사람부터 멀리하세요. 부모이든 형제자매이든 지인이든 상관하지 말고요.

멀리하지 않으면 결국 본인이 상처받습니다. 우리가 어떤 인연과 함께한다는 것은 행복하기 위해서입니다. 시너지를 내는 인연은 당신의 가치를 끌어올려 줍니다. 그러니 끝이 보이는 인연과 다가오는 인연을 힘들어하지도 말고 두려워하지도 마세요.

함께해서 길한 사람,
함께해서 흉한 사람

12분의 1 확률 찾기

궁합에 대해 조금 더 얘기해볼게요. 하루 종일 궁합만 보고 있는 날이 있는데요. 이럴 때는 정말 이쪽 분야는 할 만큼 다했다는 느낌이 듭니다. 사례도 참 많고 스토리도 가지각색입니다. 다른 집에서 보고 온 궁합과 제가 봐 준 궁합이 다른 경우도 많고요.

인간관계의 궁합을 결정하는 것 :
4가지 흐름 × 3가지 운

독자분 중에 제가 타로만 봤던 시절이 있다는 걸 아시는 분은 많지 않을 거예요. 그때 연애운을 정말 질리도록 봤습니다. 덕분에 도움을 많이 받았죠. 손님들께 들려줄 다양한 이야기가 상담 자료로 많이 만들어졌습니다.

궁합은요. 인생 흐름과 함께 보면 같이 가는 궁합, 따로 가는 궁합, 상호보완인 궁합이 있습니다. 다음 그림을 보시죠. 궁합에서 두 사람의 인생 흐름을 보여주는 4가지 그림입니다.

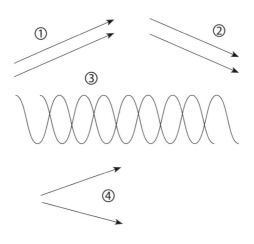

정리하면 다음과 같습니다.

> 1번과 2번. 같이 가는 궁합. 가는 방향이 같다.
> 3번. 상호보완인 궁합. 가는 방향이 같다.
> 4번. 따로 가는 궁합. 가는 방향이 다르다.

1번과 2번은 그림에서 보이는 것처럼 함께 가는 궁합입니다. 3번은 상호보완 관계로 서로 필요한 사람들입니다. 같이 가게 됩니다. 4번은 서로 가는 방향이 달라 헤어지게 됩니다.

인간관계의 궁합을 가늠할 때 여기에서 끝나지 않습니다. 앞의 4가지 경우에 더하여 다음 3가지 경우까지 같이 봐야 합니다.

> A. 상생
> B. 무(無)
> C. 흉

1번 또는 2번의 궁합이어서 가는 길이 같은데 그런데 C 흉의 운이라면 어떨까요? 가는 길은 같은 방향인데 궁합이 안 맞습니다. 마치 서울에서 부산 가는 KTX에 같이

탔는데 계속 싸우면서 가는 것과 같습니다. 가는 방향이 같아서 중간에 내리기도 어렵습니다. 예를 들면 "우리 엄마 아빠는 매일 싸우는데 언제 이혼해요?" 하고 딸이 질문하는 집의 경우인 거죠. 60을 넘으신 분들은 맨날 헤어지자고 싸워도 절대 이혼 못합니다.

반대로 A 상생의 운인데 4번 궁합이면 어떨까요? 가는 길은 달라도 궁합은 좋습니다. 서로가 굉장히 잘 맞는다고 생각하죠. 그런데 어느 순간 어이없는 상황이 생겨 헤어집니다. 예를 들면 4번 궁합의 남편이 집을 팔자고 해서 팔고 아내가 다시 집을 사자고 했는데 결국 남편 의견대로 집을 안 샀어요. 그런데 몇 년 후 그 결정을 두고 서로를 탓하다가 헤어졌다는, 뭐 그런 이야기입니다.

서로의 궁합도 좋고 가는 길도 같으면 최상인데 그렇기가 쉽지 않습니다. 통상적으로 사주를 볼 때 목생화, 화생토라는 상생의 관계가 있는데 이 관계도 시간이 지나면 헤어집니다. 이렇게 교과서적으로 좋은데도 불구하고 헤어지는 경우가 많습니다. 왜냐하면 길의 흐름이 다르기 때문입니다. 그러면 대부분 가는 길에서 각자 이혼하고 그 급에 맞게 다시 만나는 경우를 많이 봅니다.

궁합은 넓게 보면 삶의 마인드, 살아온 환경으로 설명되기도 합니다. 세상을 보는 관점(비관, 낙관, 사업, 투자)도 상당히 일치합니다.

예를 들어 "회사 다니면서 부업으로 월세를 받아 월 1천만 원 수익을 목표로 하자!" 하시는 분이 있고, "매매차익이나 이자로 버티다가 매도로 수익을 잡자!" 하시는 분이 있습니다. 이 두 분은 사주가 많이 다릅니다. 만약 이런 남녀가 만나면 어떨까요? 서로 엄청 피곤하겠죠?

궁합은 남녀뿐만 아니라 동성 간에도 적용되고, 사장과 직원 관계에서도 필요하죠. 솔직히 모든 인간관계는 앞에서 언급한 4가지 흐름 × 3가지 운, 즉 4×3이 전부입니다.

하얀 눈밭을 걷는 듯
고요하고 평온한 관계

그렇다면 궁합이 잘 맞는다는 건 어떤 의미일까요? 여러분들이 아는 '궁합이 좋다'의 의미는 그리 단순하게 설명되지 않습니다. 많은 손님의 사례가 있다 보니 저도 적지 않게 배웠죠.

궁합이 좋다는 의미는 이전에도 말씀드렸는데, 길운일 때처럼 마치 하얀 눈밭을 걷는 듯한, 설날 아침의 조용한 거리 같은 느낌입니다. 길운이 올 때 어떤 사람하고 친해지기 시작하면 딱히 대화가 없어도 그냥 한 공간에 같이 있다는 것만으로도 평온합니다.

제 고등학교 동창이 있는데, 이놈이 "이번 주 볼까?" 하면 참 무섭습니다. 사무실에 와서 오후 3시부터 밤 11시까지 몇 마디 나누다가 치킨 시켜 먹고 조용히 각자의 핸드폰을 보거나 컴퓨터를 봅니다. 그러다가 "나 간다~" 하고 헤어집니다. 이렇게 몇십 년째입니다.

마치 남자들끼리 낚시하러 가서 물고기 잡히면 같이 환호성 지르고 대부분은 별말 없이 낚시찌만 바라보다가 "오늘 좋은 시간 보냈다. 보니까 좋네" 하고 헤어지는 모습이랄까요? 흔히 만나면 엄청 수다를 떤다고 하는 여자분들 사이에서도 이런 관계가 있죠. 특별히 뭘 하지 않아도 함께 있는 시간이 그저 좋은 사이 말입니다.

커피숍 가서 보면 오래된 커플들은 주로 전망 좋은 곳에 앉아 각자의 핸드폰을 보고 있습니다. 별말이 없어요. 그러다가 손잡고 밥 먹으러 나갑니다. "뭐 먹을까?", "그거 어때?", "그래~" 말수도 적습니다. 사귄 지 얼마 안 된 커플은 어떨까요? 참 말이 많습니다.

최고의 궁합은요. "너도 치킨 좋아해? 나도 좋아해!", "너도 빨강색? 나도 빨강!" 이런 식으로 좋아하는 거 서로 맞추기 게임을 잘하는 관계가 아닙니다. 별말 하지 않아도 그냥 편안한 관계입니다. 의사 표시를 하지 않아도 상대가 무엇을 좋아하는지 대충 알고요.

그래서 궁합이 좋은 사람들은 둘의 관계를 만들어나가는 첫 만남부터 100일 내에 많이 싸웁니다. 하지만 각자를 이해하고 나면 이심전심으로 상황이 바뀌고 그 뒤로는 다투는 일이 매우 드물어지죠. 저는 싸우고 화해하면서 보내는 100일이 싸움이 없는 200일보다 낫다고 생각합니다. 동업자든 이성이든 어느 관계이든지요.

'싸움이 없다'라는 것은 어느 한쪽이 받아주기 때문일 때가 많습니다. 이런 관계는 오래가면 결국 터집니다. 그러나 싸우는 사람들의 결과는 '이심전심'이 됩니다. 상대의 의중을 미루어 짐작해 "그럴 거 같다. 그 사람은 그럴 테니까 감안해야지"가 됩니다. 상대를 이해하는 마음입니다. 헌신과는 다릅니다. 배려의 깊이가 다릅니다.

이심전심은 미루어 짐작해서 이해하고 잘 따라줍니다. 이 두 마음이 세트입니다. 그 사람이 그렇게 나오니 "어휴, 내가 이렇게 해야지. 뭐 어쩌겠어" 하는 거죠. 또 "걔가 그렇게 하는 건 그 상황에선 당연하지. 나라도 그럴 거야" 하면서 이해합니다. 상대도 "아, 너 이래서 이런 마음이었겠다. 미안해"라고 대응합니다.

12분의 1의 확률로 인연 찾기

궁합이 좋은 경우엔 두 사람 사이에 어떤 불편한 사건이 생겨도 흔적이 남지 않습니다. 이해하고 받아들이고 넘어갑니다. 이후로는 사건 발생률도 줄고 대응도 더 세련되게 하며 이런 일쯤은 서로에게 아무것도 아닌 게 됩니다.

길한 궁합은 인생 흐름으로 봤을 때 주로 1, 2번입니다. 이들은 뜻과 생각이 같습니다. 그래서 협의도 아주 잘 이루어집니다. 요즈음에는 수익으로도 드러나죠. 부부간에 돈에 대한 관점, 투자 계획과 미래 계획이 같냐 틀리냐에 따라 궁합의 좋고 나쁨이 드러납니다. 의견의 합은 좋은 궁합입니다. 사업 의견도 마찬가지이고요.

좋은 관계가 최상의 수준에 이르면요. 어느 순간부터 돈을 깐부처럼 씁니다. 네 돈, 내 돈, 우리 돈이 없습니다. 아닐 때는 이건 내 거, 이건 네 거, 이건 반반, 자꾸 나누려 합니다. 애정과 돈은 별개라 생각하는 거지요.

투자모임 사람들은 친해지면 신뢰로 똘똘 뭉칩니다. "나 돈 모자라" 하면 "내가 빌려줄게. 언제까지 쓸 예정?" 하면서 적극 응해줍니다. 이심전심하며 함께 커나가자는 거죠. 이렇게 쌓여가는 것이 신뢰가 아닐까 생각합니다.

그런데 연애 초기엔 이심전심이 되는데 시간이 지나면 좀 어렵죠? 애쓰면서 만난다고 갑자기 관계가 좋아지지는 않습니다. 연애에도 유통기한이 있다고 하잖아요. 교제기간이 어느 정도 되면 성격 차이가 서서히 드러납니다. 옥신각신하다가 헤어지기도 하죠.

이별이 누구 탓인지는 사주를 보면 압니다. 대부분은 나쁜 운을 지닌 쪽이 먼저 헤어지자고 합니다. 이때 상대와 헤어지고 또 다른 사람을 만나는 게 나을지, 그냥 상대에게 맞추면서 지내야 할지 고민합니다. 분명 나와 궁합이 맞는 사람이 어딘가에 있겠죠. 그런데 그 확률이 12분에 1이라는 사실은 모르실 거예요. 나와 딱 맞는 사람을 만나는 일은 그만큼 어렵습니다. 사람을 많이 만나봐도 알기 힘들어요.

친구를 예로 들어보죠. 처음에는 진국인지도 몰랐고 그렇게 친한 사이도 아니었는데 수십 년을 함께합니다. 진짜 궁합은 이처럼 시간이 증명해줍니다. 불타오르거나 미친 듯이 다가오지 않습니다. 그러나 옆에서 늘 함께해줍니다.

일대일 교환 관계 :
서로에게 필요한 운을 가지고 있는가

원래 좋은 궁합이라는 것은 내게 필요한 운을 상대가 가지고 있는지, 또는 상대가 필요한 운을 내가 가지고 있는지에 답이 있습니다. 이렇게 일대일 교환이 잘되는 관계가 제가 생각하는 완벽한 궁합입니다. 그런데 이런 궁합이 흔치 않습니다. 상대를 돕는 운이라는 게 말이 쉽죠. 넘치거나 모자랄 때가 더 많습니다. 모자랄 때는 그나마 가지고 있는 기운을 상대에게 다 빼앗길 수도 있습니다.

물론 운이 부족하면 누군가로부터 채우면서 삽니다. 그게 인간 삶의 모습이지요. 상담을 하다 보면 지인과 부모 형제, 배우자, 자식들과의 궁합에 충격받는 분들이 많습니다. 그래서 그동안 그렇게 빼앗겼구나, 헌신만 했구나, 이용당했구나, 덕을 봤구나, 배려를 받았구나, 하면서 고개를 끄덕입니다.

관계란 이렇게 서로 도움을 주기도 하고 피해를 주면서 이어집니다. 알고 보면 도움만 받는 관계도 없고 피해만 받는 관계도 없습니다. 다양한 운의 흐름에 따라 좋은 일도 있고, 안 좋은 일도 있는 거죠. 흰옷이 영원히 깨끗할 순 없는 거니까요. 더러 때도 타고 얼룩도 생깁니다. 우리가 사는 모습입니다.

　내가 언제 어떤 상황일 때 좋은 인연을 만나는지 관찰해보세요. 상대의 기운으로 만났는지 내 기운으로 만났는지 생각해보세요. 그리고 별말 하지 않아도, 딱히 뭘 하지 않아도 편하고 좋은 사이인가 헤아려보시고요. 좋은 인연의 사람은 언제나 그 자리에 있습니다. 서로가 애쓰지 않아도 편안한 기운이 흐르니까요.

　좋은 인연을 많이 만나고 나쁜 인연은 빨리 정리하는 게 삶의 기술입니다. 인내를 해도 방향이 다르면 결국 서로에게 상처를 주게 됩니다. 그러니 집착하지 말고 더 좋은 인연을 찾으세요. 빨리 정리하고 넘어가세요. 하지만 12분의 1 확률이라는 점, 잊지 마시고 노력해야 합니다.

당신에게 귀인이
나타나지 않는 이유

기브앤테이크의 법칙

"저도 귀인을 만날 수 있을까요?"

"제게는 왜 귀인이 없을까요?"

"저는 항상 혼자였던 거 같아요."

"왜 사람들이 저를 도와주지 않죠?"

거의 매일 받는 질문입니다. 자기도 귀인을 만나보고 싶다고 간절한 눈빛으로 말합니다. 좋아요, 이번엔 제가 묻겠습니다.

"누군가 당신을 도와줘야 할 이유가 있나요?"

"누군가 당신을 도와준다면 당신은 그 사람에게 뭘 줄 수 있나요?"

그냥 도와주는 사람은 없습니다

귀인을 만나고 싶은 분들에게는 실망스러운 얘기가 되겠지만 그런 사람은 쉽게 만날 수 없습니다. 가족끼리도 돕는 일이 쉽지 않은데 누가 과연 귀인이 되어줄까요. 가족끼리야 힘든 일이 생기면 달려가지요. 그 외에는 없습니다. 당신의 쓰임이 남들이 원하는 수준이 되기 전까지는요.

귀인을 원한다는 말은 의사, 변호사, 돈이 많은 부자나 권력자를 친구로 두고 싶다는 말과 다르지 않습니다. 사람들은 귀인에 대해 큰 오해를 하고 있는 듯해요. 서로 이해하고 위로해주는 관계를 바라야 하는데 일방적으로 덕을 보겠다는 심사 같아서요.

귀인 얘기를 하다 보니 마케팅 용어들이 떠오르네요. 마니토, 소울메이트, 멘토멘티. 드라마로 연애를 배우듯 학습된 단어들이죠. 시대에 따라 단어만 바꿔서 쓰기도 합니다. 귀인도 그중 하나입니다. 모두 수호천사와 같은 의미를 담고 있죠.

물론 어떤 사람 주위엔 수호천사들이 많아 보일 때도 있어요. 가령 잘생긴 남자나 예쁜 여자의 주변이 그렇습니다. 저는 손님과 상담할 때 주로 길운과 궁합만 이야기하는데 많은 분들이 귀인을 궁금해합니다. 자기는 도움을 받아본 적이 없다면서요.

그런데 여러분들이 잘 속을 수 있는 사기성 단어가 '횡재수', '귀인' 같은 말입니다. 이런 단어들에 관심이 많다는 건 본인이 결핍이 많아서가 아닐까 생각합니다. 로또 당첨을 기다리는 것과 뭐가 다르겠습니까.

물론 대부분의 사람들은 스스로 잘해보려고 노력합니다. 혼자서는 해결할 수 없는 문제가 생겼을 때 누군가를 찾고 의지하죠. 보통은 처음부터 귀인을 기다리진 않아요.

다만 다음과 같은 생각을 가진 사람들이 문제입니다.

"전 앞으로 어떤 사람을 만나야 도움을 받을 수 있을까요? 어떤 띠라든가 연상이나 연하라든가, 그런 게 있는 거 아닌가요?" 하는 얘기를 듣습니다.

아니, 그 사람이 왜 도와줘야 하죠?

"카페 창업을 하려는데 사이드메뉴로 빵과 마카롱 중 어떤 걸 선택하면 좋을까요?"

카페 창업 정도의 중요한 일을 준비하면서 사이드메뉴 정하는 것마저 저에게 상담을 해야 하는 걸까요? 인정이 많~은 관련 전문가라면 한마디 정도는 해주실지 모르겠지만, 저는 씩 웃는 것 외에는 해드릴 수 있는 게 없었습니다.

귀인이 아닌, 협력자로 개념을 바꿔보세요

저는 이렇게 말씀드리고 싶어요.

"당신이 뭔가를 하려고 할 때 크몽이나 숨고에 비용을 지불하고 도움을 구할 준비가 되어 있다면 귀인을 충분히 만날 수 있습니다. 그러나 다른 사람에게 돈을 지불할 생각도 없이 일방적인 도움만을 바란다면, 그런 거저먹겠다는 심사로는 귀인을 만나기 어렵습니다."

본인이 어떤 마음으로 누군가의 도움을 바라고 있는지 먼저 살펴보세요.

제가 들을 때마다 느끼는, 대부분의 사람들이 원하고 정의하는 귀인이란 단어의 숨은 뜻을 말해보겠습니다. "나의 시행착오를 줄여주고 내가 원하는 위치에 올라설 수 있도록 도와주는 사람"이더군요. 네, 지독히도 자기중심적인 관점입니다.

누군가 당신을 위해 베푼다면, 그 사람 입장에서 무언가 마음에 드는 구석이 있기 때문이죠. 그런 것도 없는데 도와줄 이유가 없잖아요? 물론 아무것도 바라지 않고 '봉사'하는 사람들도 있기는 하죠. 주는 것보다 오히려 얻는 것이 더 많다고는 하지만 자신만의 퍼스널 브랜딩을 위해 봉사하는 사람들도 있습니다. 요즘은 마케팅을 위한 봉사도 있더군요. 말이 봉사이지 결국은 서로 얻는 게 있다는 말입니다.

동반자, 협력자라는 개념도 여기에 맞닿아 있다고 봅니다. 내가 상대에게 줄 수 있는 게 있고, 상대도 거기에 맞춰 제공할 것들이 있을 때 동반자, 협력자라고 말할 수 있습니다.

이전에 한 여자 손님이 제 친구 소개로 왔습니다. 오빠 동생 하자고 하더군요. "오~ 그러자~" 했는데 어느 날 아이스크림을 사 들고 놀러왔더라고요. 그런데 자기가 관심 있는 남자들에 대해 계속 물어보는 거예요. 한참을 듣다가 제가 정중하게 "이런 식으로 묻지 말고 상담을 받으라"고 권했죠. 그랬더니 그러더군요. 오빠 동생 사이인데 왜 그게 안 되냐고요.

여러분들도 행여 이런 식으로 인생 귀인을 찾지 마십시오. 더 당당한 방법으로 동반자, 협력자를 만나시길 바랍니다. 그분들과의 관계를 통해 레벨업이 되면 그다음에는 자연스럽게 귀인을 만나게 될 겁니다.

이런 조언을 드리면 내가 아깝다느니, 전혀 덕 볼 게 없다느니 자기중심적 사고를 하는 사람이 있습니다. 그런데 인간은 사회적 동물이기에 혼자서 이룰 수 있는 게 없습니다. 관계 속에서 서로 밀어주고 끌어주면서 성장하는 거죠.

주고받음의 법칙

함께했던 이들이 동시에 업그레이드가 되면 좋은데 현실은 그렇지 못할 때가 많습니다. 나만 업그레이드되었다면 그 수준에 맞춰 환경을 바꿔야 해요. 새로운 사람으로 다시 채우면 됩니다. 이른바 노는 물을 바꾸는 거죠.

모두가 아는 방송인들 중에 이별의 아픔을 겪은 분들이 있는데, 이분들의 삶의 행로를 보면 이별이 꼭 나쁜 일은 아님을 알 수 있습니다. 새 술은 새 부대에 담으라는 말도 있잖아요. 고난이라고 생각했는데 나중에 보니 길한 상황으로의 변화였음을 알게 되는 거죠.

상승운이 강한 분들은 학교 동창들을 잘 안 만납니다. 새로운 사람을 만나기도 바쁘거든요. 계절이 바뀌듯 운이 바뀌면 인연도 바뀌고 나를 도와주는 귀인도 자연스럽게 만나게 됩니다.

이때 만난 귀인은 앞으로의 길을 함께 걸어가는 동반자 또는 협력자가 될 겁니다. 누군가의 도움은 일방적일 수 없어요. 무턱대고 잘해주는 사람이 있다면 오히려 이상한 일입니다. 반드시 주고받아야 합니다.

어느 식당에 이런 문구가 붙다고 하여 웃었습니다.

"소고기 사주는 사람은 주의하세요. 대가 없는 소고기

는 없습니다. 순수한 마음은 돼지고기까지예요."

이런 분류가 우습기도 하지만 과한 친절이나 도움을 베푸는 사람들은 무슨 꿍꿍이속이 있을지 모르니 조심하라는 의미겠죠.

안 되는 상황을 억지로 꿰어맞추다 보면 사달이 나는 게 인생입니다. 순리를 따르라는 말이 왜 진리이겠어요. 그래서 저는 손님들에게 운에 맞춰서 사람들을 만나고, 어필할 것이 있으면 적극적으로 하라고 권장합니다.

감나무 밑에 누워 감 떨어지기를 기다리는 사람처럼 다들 귀인이 자신을 알아봐줄 거라고 생각해요. 게다가 자신이 '초이스'를 할 거래요. 지금이 어떤 시댄데 그런 말씀을.

저를 찾아오는 여자 손님들 중에 동호회 또는 듀오, 선우 같은 결혼정보회사에 가입한 분들이 있어요. 자신이 만난 상대에 대해 2주에 한 번씩 물어보러 옵니다. 자기 짝을 만나기 위해 이렇게까지 노력하는 분들도 있다는 겁니다.

아무것도 안 하고 귀인이 나타나기를 기다리는 분들은 반성해야 합니다. 심지어 독학으로 사주 공부를 하고 오는 분들도 있는데, 목표에 대한 준비성이 대단해 혀를 내두를 정도랍니다.

제가 요즘 골프를 열심히 배우고 있는데요. 저를 도와

준 고마운 친구가 "골프 실력과 사업 실력은 비례한다는 마음으로 노력해봐"라고 조언하더라고요. 와~ 그 말을 듣는 순간 머리에 번개를 맞은 듯한 기분이었습니다. 맞는 말이잖아요. 그동안 손님만 보면서 우물 안 개구리로 살아온 걸 후회했습니다.

10여 년 전부터 함께 공 치자고 말했던 수많은 인맥들이 주마등처럼 지나갔습니다. 그 시절의 관계망이 어떤 변화를 일으켰을지 생각하니 아찔해지더군요.

끝으로 여러분에게 물어보고 싶은 게 있습니다. A라는 분이 내가 무언가를 하려는데 100만 원 상당의 도움을 줬습니다. 그러면 어떻게 보답하시겠어요? "감사합니다~"이런 인사 말고요. 감사함에 대한 보답으로 어느 정도를 생각해야 할까요? 설마 그냥 넘어가실 건 아니죠? 이 질문에 대한 답을 고민해보세요. 앞으로 여러분의 인맥에 중요한 작용을 할 겁니다.

귀인을 만났다면 성장을 위해 서로 노력하는 동반자, 협력자 마인드가 중요합니다. 어렵게 만났으니 재고 따지지 말고 서로에게 공기 같이 고마운 존재가 되어주세요.

부자의 그릇은
어떻게 다른가

그들은 애티튜드부터 남다르다

손님의 운세를 봐주다 보면 저도 많은 것을 배웁니다. 가끔 혼이 나기도 하고요.

어느 상담에서 오고 간 대화

다음은 손님들과 저의 대화의 일부입니다. 기억에 남는 몇몇 부분만 추려서 보여드릴게요.

손님: 저는 어떤 배우자를 만나야 좋을까요? 연상?

연하?

나 : 음, 그렇게 답해드리긴 어려운데요. 연하는
      별로라고 생각하세요?

손님: 아니, 무슨 대답이 그래요?

나 : 네?

이렇게 말씀드리면 제가 시비를 걸었다고 생각하더라고
요. 상식적으로 인연과 궁합은 사주 구성에 따라 다르게
나타납니다. 연상이냐 연하냐로 정해지지 않아요. 그런데
손님이 연상 연하로 나눠 물으니 이런 질문이 나갈 수밖
에요. 한마디로 좋다 나쁘다 확정적으로 말할 수 있는 건
없습니다.

손님: 저는 뭐를 하면 좋을까요?

나 : 초반 운이 안 좋으니 공부보다는 결혼을 먼
      저 하시고 꿈은 나중에 펼치는 게 좋을 거
      같습니다.

손님: 요즘이 어떤 시댄데 결혼을 먼저 해요?

나 : 일을 해도 잘 안 풀리실 텐데요. 그러니 순서
      를 바꿔 일단 결혼부터 하시고 이후에……

손님: 너나 잘사세요.

돈과 운의 법칙 (1) : 개념 이해하기

나 : …….

손님이 말하는 시대가 어떤 시대인지 저는 잘 모르겠습니다. 이제 여자들은 40대, 50대에 결혼을 해야 정상인가요?
이런 사례도 있습니다.

나 : 2026년 정도는 되어야 운이 필 것 같습니다.
손님: 그럼 전 몇 살이에요?
나 : 네???

지금까지 보여드린 대화는 각각 다른 손님들과 나눈 대화입니다. 공통점이 있는데요. 세 분 모두 자수성가로 5억 원 이상 재산을 모으신 분들의 질문이 아닙니다. 여기서 왜 이런 얘기가 나오냐고요? 자신의 힘으로 큰돈을 모은 사람들은 상담을 할 때 오고 가는 대화의 질이 다르기 때문입니다.

부자들의 질문은 어떻게 다른가

10억 원 이상을 스스로의 힘으로 일군 분들은 질문이

훨씬 더 세밀합니다. 자신의 문제를 깊이 생각하고 질문하기 때문입니다. 제가 몇 번 외부에서 '돈사공(돈 버는 사주 공부)' 강의를 했을 때도 최강 팀에 속한 분들은 자세부터 다르더라고요. 수익도 엄청났는데요. 그중 몇 분은 손님으로 다시 만나기도 했습니다. 늘 공부하는 모습을 보여주는 사람들입니다.

세상의 쓴맛을 보면서 돈을 벌어본 분들은 감정을 다스릴 줄 압니다. 자신의 감정이 곧 돈의 감정이고, 이 감정을 정복하지 못하면 돈도 정복하지 못한다고 생각합니다.

귀가 얇아 남 얘기를 철석같이 믿고 분석 없이 성급하게 주식을 사면 결과가 좋지 않아요. 또 화난다고 상사에게 대들어봤자 미운털만 박히죠. 감성지능이 낮으면 그만큼 손해를 봐야 합니다. 그러나 부자들은 다릅니다. 하이 리스크를 안고 베팅을 할 때도 이성적 판단이 빛을 발합니다.

다시 앞의 대화로 돌아가볼까요. 제가 그냥 간단하게 "연상이 맞습니다"라고 답했다면 대화가 쉽게 흘러갔을까요? 세상을 너무 한쪽으로만 보지 말라는 조언이었는데 제대로 전달이 안 된 것 같아요. 상대가 바랐던 건 뭘까요? 자신이 기대했던 답변이 아니라서 기분이 상했던 걸까요? 이런 분들을 만나면 대화하는 방식부터 가르쳐드리고 싶습니다.

세상을 살다 보면요. 만나는 사람 중에 진심으로 조언을 해주는 사람이 얼마나 될까요? 한번 헤아려보세요. 상대가 싫은 내색할 거 뻔히 알면서 굳이 그런 말을 해주는 사람은 거의 없을 거예요. '좋은 게 좋은 거지' 하면서 불편함에서 발을 빼는 거예요.

"이런 거 좀 고쳐봐. 그럼 좀 나아질 거야"라고 말해주는 사람 본 적 있나요? 그런 시대가 아니긴 하죠. 그래서 자신을 들여다보고 한 단계 도약하는 기회도 점점 없어지는 것 같아요.

저도 함부로 지적질(?) 같은 거 하고 싶지 않습니다. 하지만 직업상 이런저런 조언을 해야 할 때가 있어요. 그때 종종 듣는 단어가 있어요. 바로 '기분'입니다.

"기분이 나쁘네요."

"기분이 상하네요."

제 조언에 대해 이렇게 말하는 분들이 있습니다. 자신의 감정이 정확히 뭔지 모른 채 말이에요. 무엇 때문에 기분이 상했냐고 질문하면 제가 무시했다고 말합니다. 그리고 결론은 늘 "너나 잘사세요"로 끝납니다. 일관된 패턴입니다.

그들은 애티튜드가 남다르다

경제적으로 여유가 있는 사람들은 태도가 다릅니다. 제 말을 경청합니다. '뭘 얻어갈까' 하는 궁리로 가득한 표정입니다. 대화 중 오해의 소지가 있는 내용이 있어도 감정을 풀고 파이팅으로 마무리합니다.

소위 부자로 불리는 사람들은 치고받는 토론을 즐깁니다. 질문도 다양합니다. 심지어 제게 비과세, 증여세, 절세 방법 등 세법까지 물어봅니다. 돈을 다룰 줄 아는 사람은 지식을 습득하기를 좋아합니다. 실제로 연봉 1억 원이 넘는 사람들은 매달 7권 정도의 책을 읽는다고 합니다. 그래서 늘 자신감에 차 있죠. 실패를 해도 불평하지 않고 모든 지식 정보를 동원해 손실을 만회할 수 있는 전략을 짜고 때를 기다립니다.

이런 점은 매슬로의 8단계 욕구단계론과도 일치합니다. 다음 표를 봐주세요. 매슬로의 8단계 욕구단계론입니다. 미국의 심리학자 매슬로가 정리한 '욕구 5단계론'에 대해서는 들어보셨을 겁니다. 여기에 매슬로가 1단계 더 추가하고 나중에 제자들이 2단계를 더해 총 8단계의 욕구 이론이 만들어졌다고 합니다.

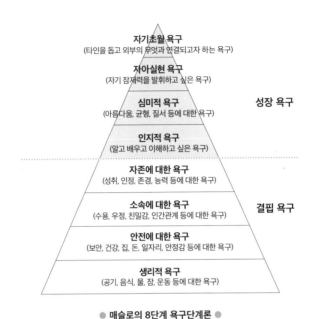

● 매슬로의 8단계 욕구단계론 ●

　이분들은 점선 위의 성장 욕구를 중요하게 생각하는 사람들입니다. 나중에 또 언급하겠지만 운이 나쁠수록 점선 아래의 결핍 욕구, 이를테면 식욕, 성욕, 수면욕, 자존감의 욕구를 채우는 데에 급급합니다. 좋은 운을 만나면 학습과 자아실현을 통해 자신을 강화하는 노력을 합니다. 그러나 자존감의 욕구를 채우지 못하면 감정에 휘둘립니다.

"무조건 안 되는 사람은 없습니다"

경제적으로 여유가 있는 사람들은 대개 학습과 실행이 빠르고, 실수를 인정하며, 자기주도적 학습을 하는 등의 공통점을 지니고 있습니다. 이런 특징을 가진 사람들은 당장의 형편이 좋지 않아도 될성부른 떡잎이다 싶습니다. 어려움이 있어도 노력을 멈추지 않기에 때가 되면 큰 나무로 성장합니다.

늘 좋은 인생은 없습니다. 계획을 잘 세워도 어려운 고비를 맞이하며 삽니다. 그런데 그런 고비를 만났을 때 계획대로 되지 않는 것을 고쳐본 사람과 계획대로 안 되니 고치지 않고 회피하는 사람은 그 결과가 다릅니다. 이것이 쌓이고 쌓여 자신만의 관점으로 확립되면 경험치가 훨씬 달라지겠죠. '사람은 맞고 안 맞고'로 정해지지만, '좋은 운에서 진행하는 계획과 경험은 이렇게도 해보고 저렇게도 해보고'가 맞습니다.

여러 부침을 겪으며 하나하나 해결해온 사람이 제대로 운이 맞으면 크게 터집니다. 콴툼 점프를 하는 거죠. 그만한 그릇을 빚어왔으니 큰 부를 이뤄도 잘 유지해나갈 겁니다. 점을 보러 온 손님과 대화를 나누다 보면 그 사람의 미래가 어느 정도는 짐작됩니다. 싹수가 보이고 그릇의 크기도 보입니다.

제가 이렇게 해보라 권유하면 일단 해보셨으면 합니다. 제 조언대로 해서 잘되신 분들이 있으니까 권유하는 거 아니겠어요? 그런데도 "그래도 안 되면 어쩌려고요?" 따지실 분들은 본인이 원하는 대로 사시면 됩니다. 삶의 진리란 받아들일 준비가 되어 있는 사람에게만 닿을 수 있으니까요. 의심 많은 사람에게는 들릴 리 없습니다.

어차피 자기 신념대로 인생을 살게 돼 있습니다. 30분에서 1시간 상담으로 삶이 달라지지는 않아요. 그렇게 빨리 변화가 일어날 정도로 인간의 항상성이 쉽게 깨지지 않는다는 겁니다.

저는 파레토의 법칙(20 : 80)처럼 80에 해당하는 사람들이 더 나은 위치로 옮겨가길 바랄 뿐입니다. 그리고 80의 위치에 있다가 20의 위치로 옮겨가면 그건 그분의 노력과 신념과 운 덕분이지, 제가 바꿔드린 건 아닙니다. 그리고 저는 20의 위치에 있는 분들을 더 많이 만나기를 희망합니다. 훨씬 더 생산적인 얘기를 나눌 수 있을 테니까요.

돈과 운의 법칙 ②
파도에 올라타기

"흐름에 올라타세요,
삶이 훨씬 더 편해집니다"

2023년은 봄의 기운을 가지고 있습니다.
밭을 갈고 씨를 뿌리는 심정으로
닥치는 대로 도전해보세요.

당신의 직업은
세상이 '돈'으로
알려줍니다

진로의 공식

여러분은 오늘날을 자기 소신대로 살아갈 수 있는 시대라고 생각하시나요? 먼 옛날 왕족이나 귀족에게나 어울릴 법한 이야기는 그만하라고요? 자기 소신대로 사는 게 얼마나 어려운지 몰라서 묻는 거냐고 한숨을 쉬는 사람도 있을 것 같습니다. 과거 노예제 사회에 비하면 지금이 낫다고 생각하는 분들도 물론 있겠고요. 그러나 과연 그럴까요?

'진로'와 '직업'은 다릅니다

우리나라는 자유 민주주의 국가입니다. 자유의 사전적 정의는 "남에게 구속을 받거나 무엇에 얽매이지 않고 자기 소신대로 행동하는 일 또는 그러한 상태"입니다. 이런 자유를 중시하는 국가에서 사는데 왜 매일 구속당하는 느낌이 드는 걸까요? 자유 민주주의에 바탕을 둔 자본주의가 돈과 능력을 중시하고 있기 때문이죠. 어느 누구도 피할 수 없습니다.

우리는 자본주의 시대의 정점을 살고 있습니다. 이윤 추구가 목적이고, 자본이 지배하는 체제입니다. 전 세계 많은 나라의 국민들이 현재 자본주의 경제 체제 아래에서 살고 있지요. 자본주의의 원리를 따르면 복잡할 게 없습니다. 자본의 원리에 따라 움직이면 되는 거니까요.

그러나 이런 체제가 만족스럽지 못한 사람들도 있습니다. 자본주의의 가치관을 이해하지 못했거나 자신의 가치관과 맞지 않기 때문이겠죠.

그렇다면 자본주의 사회에서 직업의 선택은 얼마나 자유로운 걸까요? 과거에는 하나의 직업으로 평생을 살아가는 사람들이 많았죠. 요즘도 가능한 얘기일까요?

잘 아시다시피 평생직장, 정년 개념이 사라진 지는 오래

됐습니다. 대신 그 자리를 대체하는 새로운 일자리가 생겨나고 있지요. 독립형 근로자, 프리랜서 등으로 불리는 긱 워커(gig worker)도 등장했습니다. 단기로 계약을 맺고 일하는 노동자를 의미합니다. 21세기 노동시장의 트렌드를 '잡 노마드(job nomad)'로 규정하기도 합니다. 능력만 있다면 이 직업 저 직업 옮겨 다니며 일할 수 있는 거죠.

교육학 용어 사전은 '진로(career)'를 이렇게 정의합니다. "개인의 생애 직업 발달과 그 과정 내용을 가리키는 포괄적인 용어. 과거에는 한 직업을 평생 고수하는 예가 많았기 때문에 진로를 직업과 동일어로 취급하였다. 그러나 현대에 와서는 직업의 종류가 다양해지고 개인의 직업적 발달도 직업군(職業群)에서 직업군으로 옮겨가며 이루어질 수 있으며, 또 다수의 새로운 직업이 생겨남에 따라 진로와 직업의 구별이 필요해졌다."

진로를 고민하는 사람들과 상담할 때 세상이 참 많이 달라진 걸 느낍니다. 예전에는 사회적 지위에 대해 궁금해하는 분들이 많았습니다. 그런데 요즘 젊은 분들은 돈을 얼마나 많이 벌 수 있는가의 방편을 물어옵니다. 상대에게 부림을 당하냐 안 당하냐는 예전 분들의 관심사일 뿐인 거죠. 이제는 지위에 관심이 없으니 "아무도 모르게 돈 많은 사람이 되고 싶어요"라는 이야기가 나오는 겁니다.

이러한 이유로 벌이에 한계가 있는 회사원 생활을 접고, 더 큰돈을 벌 기회가 있는 자영업자를 할 것인가를 고민합니다. 자영업자들은 '돈'이 되는 일에 집중합니다. 누구나 적게 일하고 많은 돈을 벌고 싶겠죠. 그러나 우리나라 자영업자의 사업 환경은 점점 더 열악해지고 있어요. 성공하려면 유리한 포지션을 잡아야 하지요. '내가 뭘 잘할 수 있는가?'를 고민하는 젊은 취업지망생들의 고민과는 달라요.

자영업자끼리는 '너 죽고 나 살자'라는 제로섬 게임입니다. 나에게 치킨을 안 시켰다는 것은 결국 다른 집에서 치킨을 소비했다는 뜻이니까요. 즉 매출 저하는 곧 나의 자본이 없어지는 것을 의미합니다. 이렇게 자신들의 리그에서 상대를 이겨야 미래가 보장되죠. 자영업자의 고민이자 꿈은 아마추어가 아닌 프로의 영역으로 들어가는 겁니다. 자기 사업을 해보신 분들은 아실 거예요. 사업장에서는 대충이란 게 없어요. 어떻게 하면 최대 수익을 뽑을 수 있는가를 머리 터지게 고민해야 합니다. 생존의 문제인 거죠.

사업장 하나 벌리면 돈 들어갈 일이 천지입니다. 세금, 인건비, 임대료, 광고비, 원자재비 등을 주고 나면 쥐꼬리만 한 수익이 남습니다. 먹고살려고 점포 차렸다가 오히려 벼랑 끝으로 몰리는 사람들이 늘어나는 이유죠. 회사원, 취업지망생들과는 전혀 다른 고민을 하는 겁니다.

무직자에서 자본가까지, 자본주의 세상의 6단계 계급구조

과거에는 진로 때문에 점집을 찾는 사람들이 꽤 많았습니다. "너는 사주를 보니 이 직업을 갖는 게 좋겠다", "너는 아직 취업운이 없으니 공부하면서 때를 기다려라" 등등 조언을 해줬죠. 그런데 이런 조언들이 의미 없는 시대가 되었습니다. 제가 만든 다음 도표를 보면 확인할 수 있습니다. 여기에서 역삼각형의 면의 크기는 부의 크기이고, 정삼각형의 면의 크기는 인원 수입니다.

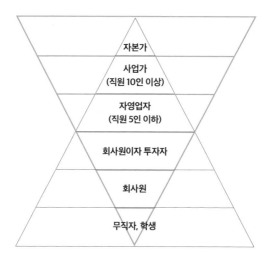

잘 아시겠지만 오늘날의 세계는 평등하지 않습니다. 여러분들도 최근 '벼락 부자', '벼락 거지'라는 말을 들어봤을 겁니다. 경제적 불평등을 이처럼 잘 설명해주는 말이 또 있을까요? 이 도표에서 최상단은 '자본가'가 차지하고 있습니다. 절대적 부를 지닌 사람들이죠. 워런 버핏, 손정의가 속한 구간입니다.

그 아래 단계는 '사업가'입니다. 상시근로자 10인 이상 사업장을 운영하는 사람들입니다. 최상단에는 삼성 이재용 하느님이 있고요.

그다음은 '자영업자'입니다. 상시근로자 5인 이상의 자영업을 운영하는 이들입니다. 의사, 약사처럼 전문직 자영업자부터 정직원 없이 외주자를 쓰며 사업을 하는 사람까지 다양합니다. 이런 특정 자영업자들은 직원을 많이 쓰지 않고 자신의 고급 노동력을 활용해 돈을 법니다. 수십에서 수백만 구독자를 가진 전문 유튜버들이 대표적입니다. 회사원에서 자영업자가 되었다가 이젠 사업가로 불립니다.

자본가와 사업가에는 '가(家)'라는 글자가 붙습니다. 사업가가 일을 주는 1~2차 벤더가 자영업자이고, 그 밑에서 일하는 사람을 '회사원'이라고 합니다.

회사원에는 '인원'을 의미하는 '원(員)' 자가 붙습니다.

회사원은 회사의 인원이라는 뜻입니다. 당연히 상위와 하위 직급으로 나누어져 있습니다. '대주주-사장-직원'으로 설명되는 이들의 계층 관계는 다음 그림처럼 트리 구조를 띱니다. 회사원은 이러한 트리 구조 속에서 살아갑니다.

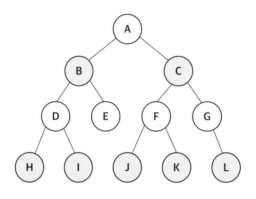

다음으로, 6단계 계층 피라미드의 맨 아래를 보실까요? 가장 많은 사람들이 속해 있습니다. 힘도 없고 가진 것도 없는 사람들의 자리이지만 희망의 구간이기도 합니다. 성공 스토리도 여기에서 나옵니다. 순전히 부모 덕으로 사는 금수저들의 스토리가 있을 리 없죠.

저는 진로를 고민하는 젊은이들에게 부모 도움을 받지 말고 스스로 일어서라고 조언합니다. 부모 찬스 잘못 써서 미래가 망가진 청년들 얘기도 해줍니다. 아래에서부터 차근차근 시작해 세상에 뛰어들면 그만한 공부가 없다는 걸 깨닫습니다. 누구도 가르쳐주지 않은 귀한 것들을 얻게 되죠. 부모에게는 자식을 물가에 내놓은 어린아이처럼 생각하지 말고 끝까지 믿어보라고 권합니다. "군대 보낼 때 걱정이 한가득이지만 잘들 다녀오잖아요?"라고 하면서요.

세상이 당신의 진로를 알려주는 방법

지금까지 6단계 계급구조를 보았는데요. 여러분은 지금 어떤 위치에 서 있나요? 무직자나 학생일 수도 있고, 회사원일 수도 있고, 이미 자영업을 하고 있을 수도 있습니다. 혹은 사업을 하는 중일 수도 있겠네요. 그럼에도 아직 어떤 진로로 나아가야 할지 고민하는 분들이 많을 겁니다.

"어떤 일을 하며 살아야 할까요?"

"지금 다니는 회사가 저에게 맞는 곳인가요?"

"하던 사업이 잘 안 되고 있는데, 어떻게 해야 할까요?"

많이들 물어오십니다.

자신의 진로는요. 사실 세상이 알려줍니다. 어떻게요? 바로 '돈'으로요. 운이 좋은 시기에 열심히 이것저것 해보세요. 그럼 그때 나아갈 방향을 자연스럽게 알게 되고 진로도 정해집니다. 그 과정은 다음과 같습니다.

1. 세상이 당신의 진로를 알려줍니다. 이 방향에서 돈을 벌어도 된다고 힌트를 주듯 갑자기 돈이 들어옵니다. 그 방향이란 부동산 투자가 될 수도 있고, 사업이 될 수도 있고, 여러 가지가 있겠지요?
2. 같은 상황이 반복적으로 이어지고 자신에게 능력도 있다면 의심하지 않아도 됩니다.
3. 그 방향을 직업으로 삼아도 됩니다.

느낌이 오시나요? 이런 과정을 거치기 때문에 '돈이 되는 영역'을 찾아내기까지의 노력이 반드시 필요합니다. 그 영역을 찾지 못했다는 것을 전제로 한다면, 우리는 더욱 더 이것저것 다양한 일에 도전해야 하고요. 그러다 보면 결국에는 자신의 운 안에서 최상위로 돈을 버는 일을 찾게 됩니다.

'운이 좋은 시기'를 만났을 때 열심히 '도전'해보면서 그 결과를 살펴보세요. 돈이 들어오는 방향을 찾아보란 얘기입니다. 그쪽이 바로 여러분의 진로입니다. 이 방법은 요. 지금 자신이 어떤 계층에 서 있든 상관없이 모두에게 적용 가능합니다.

자신에게 꼭 맞는 진로를 찾길 바랍니다. 그리고 이후에 계층 단계를 뛰어넘어 회사원으로, 자영업자로, 사업가로, 자본가로 성장하세요. 부의 트랙으로 올라서는 방법에 대해서는 이후에 더 자세하게 얘기하도록 하겠습니다.

미세요,
이제 당기세요

운이 좋을 때의 행동법칙
vs. 운이 나쁠 때의 행동법칙

저는 인생을 뼈 있는 치킨에 비유해서 표현하곤 합니다. 치킨 한 마리를 시켰어요. 퍽퍽한 거 싫다고 다리랑 날개부터 먹어도 결국에는 가슴살도 먹을 수밖에 없죠.

인생도 그렇다는 거죠. 좋아하는 부위를 먹는 구간이 있는가 하면 싫어하는 부위를 먹어야 하는 구간도 분명히 존재합니다. 어떤 구간이 먼저 오고 나중에 오느냐 하는 순서의 차이일 뿐입니다.

상승 운을 타고 있을 때의 행동법칙

인생 초반에 싫어하는 가슴살을 많이 먹었다면 이제 좋아하는 다리랑 날개를 먹는 구간이 와요. 퍽퍽한 거 먹을 일이 별로 없는 거예요. 반대로 인생 초반에 좋아하는 다리랑 날개를 많이 먹었다, 그러면 이제 퍽퍽한 가슴살을 먹어야죠.

어떤 사람의 인생이든 비슷한 면이 있어요. 어느 구간에서 운이 상승세면 다음 구간에서는 하강세로 가고, 아니면 그 반대로 하강세가 먼저 오고 다음에 상승세가 오게 마련입니다. 인생을 잘사는 방법은 나의 운이 어느 구간에 있든 그때그때 최고의 선택을 하면서 앞으로 나아가는 겁니다. 앞에서 말씀드린 것처럼 꾸준히 사람들을 만나고 경험을 쌓으면서요.

넓게 보면 상승세에서 하강세로 가는 것보단 하강세에서 상승세로 가는 것이 더 좋을 수 있어요. 운이 나빴다가 나중에 좋아지는 분들이 훨씬 행복하게 사시더라고요. 처음에 운이 좋았다가 나중에 나빠진 분들은 멘탈이 나가는 경우가 많아요. 충격이 큽니다. '나한테 이런 일이 생긴다고? 말도 안 돼' 하고는 도저히 믿기지가 않는 겁니다. 받아들이기 힘든 거지요.

운이 좋을 때는 기회가 닿는 대로 무엇이든 해보는 것이 중요하다고 여러 번 말씀드렸습니다. 투자의 경우에도 반년 정도 이것저것 하다 보면 자신이 잘하는 게 뭔지, 혹은 잘되는 게 뭔지 나올 거예요. 즉 돈이 잘 벌릴 아이템들이 보이는 시점이 오는데, 이때 확실하게 집중하면 더 큰 결실을 거둘 수 있겠지요.

만일 직장에 다니는 분이라면 이 구간에서는 개인적인 운이 회사에서의 운을 초과하게 됩니다. 운이 남아도는 구간으로 진입하는 거죠.

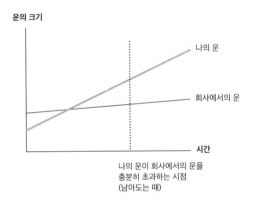

나의 운이 회사에서의 운을
충분히 초과하는 시점
(남아도는 때)

이때 자신의 운을 어떻게 쓰느냐가 중요합니다. 출근길에 버스와 전철을 한 번도 기다리지 않고 바로바로 갈아타는 그런 소소한 행복을 위해 운을 쓸 수도 있겠지만, 더 중요하고 의미 있는 기회에 운을 쓸 수도 있을 겁니다.

운이 상승세일 때는 가능성의 타이밍이 여러 방면에서 발생하는데요. 특히 이 구간에서는 투잡, 투자, 자영업, 연애, 이 네 가지를 하기가 쉬워집니다. 남아도는 운을 최대한 자신의 돈을 위해 쓴다고 생각하세요. 그러자면 무엇을 해야 할까요. 투잡이나 투자를 하는 게 당연하겠죠. 좀 더 적극적인 분들은 자영업자로 넘어가기도 합니다. 분야에 따라 정도의 차이는 있겠지만 운이 상승세에 있으므로 대부분 플러스 수익이 납니다.

운이 남아도는 구간에 진입한 분들은 그동안 쌓아온 성실함과 노력이 빛을 보는, 말 그대로 인생을 레벨업할 기회를 만나게 되는 겁니다. 그러니 기회가 닿는 대로 부딪혀보세요. 혹시 안 되더라도 괜찮습니다. 다음으로 넘어가면 됩니다. 되는 것이 나올 때까지요. 몇 번 부딪혀서 해보면 이건 계속해도 된다는 '사인'이 오는 게 있을 겁니다. 결국엔 찾게 되어 있습니다.

투잡에 대해 좀 더 이야기해볼까요. 우리 부모 세대는 자식이 안정적인 직업을 갖길 바라시죠. 부모 세대가 평생직장을 꿈꾸며 성실하게 일해온 덕분에 대한민국 경제가 이만큼 성장할 수 있었던 것도 사실이고요. 1997년의 한국 외환위기와 2008년 리먼 브라더스 사태에서 촉발한

돈과 운의 법칙 (2) : 파도에 올라타기

글로벌 금융위기는 베이비붐 세대가 '안정이 우선'이라는 신조를 더욱 견고히 하는 계기가 되었는데요. 그로 인해 베이비붐 세대의 자녀들에게는 의사나 변호사 같은 전문직 아니면 공무원과 대기업만이 살길이라는 인식이 심어졌습니다.

하지만 MZ세대로 일컬어지는 20~30대 젊은 직장인들의 생각은 다를 겁니다. 그들은 대개 실용주의자예요. 대기업, 공무원, 전문직 이런 것보다 "나한테 좋아, 나빠? 나한테 돈이 돼, 안 돼?"가 우선이죠.

그렇기 때문에 투잡을 하고 투자를 하는 게 당연해집니다. 낮에는 회사원, 밤에는 쿠팡맨, 새벽에는 스마트스토어 사업자로 일하면 왜 안 되나요? 더구나 운이 상승하는 시점에 들어서서 여러 가능성이 보이는 때라면 무엇이든 해보는 것이 중요합니다. 저는 젊은 세대의 이런 실용주의가 세상을 바꾸는 힘이 된다고 생각합니다.

하락 운을 타고 있을 때의 행동법칙

일이 풀리지 않는다고 제게 상담을 청해오시는 분들에게 제가 자주 해드리는 얘기가 있습니다. 하나는 '체념'이고, 또 하나는 '받아들임'입니다. 뭔가 특별하고 구체적인 조언을 많이 할 것 같지만, 사실 그런 적극적인 조언은 운이 좋을 때 할 수 있고요. 운이 하강세일 때는 두 단어가 주를 이룹니다.

그러면 제가 체념과 받아들임을 왜 그렇게 강조할까요? 안타깝게도 세상에는 길과 흉 중에 흉이 더 많아서 그렇습니다. 그리고 일이 잘 풀리지 않는 구간에 들어서면 정말 할 수 있는 일이 거의 없기 때문입니다.

운이 나쁜 구간에 "그래도 나는 뭐라도 해볼 거야" 이러지 마세요. 새로운 사업은 그냥 구상만 하세요. 투자도 공부만 하세요. 직장도 바꿀 생각 말고 계속 다니는 게 목표예요. 안 되는 구간에서는 준비하고 버티는 겁니다. 의외죠? 뭔가 더 열심히 해야 할 것 같은데 말이죠. 사실 저도 지금까지 운이 좋은 날들보다 미래를 준비하는 날들이 더 많았습니다.

나쁜 운의 법칙은 귀신처럼 잘 들어맞아요. 나쁠 때는 나쁜 것만 고르는 뛰어난 능력을 발휘하더라고요. 마트 갈 때도 뭐 사야지 이러고 가서는 막상 다른 것을 살 때가 많잖아요. '사놓고 보니 괜찮네' 흡족할 때도 있고 '이런 걸 왜 샀지' 후회할 때도 있죠. 인생도 그래요. 운이 좋을 땐 우연히 선택한 것도 결과가 좋고, 운이 안 좋을 땐 그 반대예요.

그런데 긍정적으로 생각하면요. 이게 나중에는 도움이 되기도 합니다. 운이 좋은 구간에서 뭔가를 할 때 예전에 안 좋았던 선택지들을 빼고 좋은 것만 선택할 수 있게 되거든요. 계속 운이 나쁘기만 하진 않을 테니까요. 그러니 너무 풀리지 않을 때는 그냥 '그런 때에 들어섰구나' 하고 받아들이는 여유도 필요합니다.

오랜만에 친구들을 만났는데 모두 행복해 보이고 나만 기분이 별로라고요. 꼴 보기 싫었던 상사가 오히려 승진해서 잘나가는 모습에 자괴감이 든다고요. 괜찮아요. 지금은 그냥 그런 경험을 해야 하는 구간입니다. 피하지 마세요. 괴로움에 빠질 필요도 없습니다. 마치 다른 사람의 일인 것처럼 삼인칭 관찰자 시점으로 바라보세요. 페이스를 조절하는 기간이라 생각하면서 자신의 몸과 마음을 보살피는 데에 더 신경을 쓰세요. 이러한 휴식기도 멀리 보면 인생에서 중요한 시간입니다.

이 기간에 일이 잘 풀리지 않는다고 직장을 옮기거나 아예 업종을 갈아타려는 분들이 있는데요. 다시 한번 말씀드리지만 안 됩니다. 기억할 것은 '운이 하강세에 있을 때는 어떤 변화를 주어도 바뀌는 것이 없다'라는 겁니다. 그러니 계절이 바뀔 때까지는 조용히 받아들이고 버티는 것이 상책입니다.

그렇다고 좌절하지 마세요. 분명히 끝나는 시점이 있다는 것을 알고 기다리는 거니까 무작정 포기하는 것과는 다른 겁니다. 막연하게 헤매는 것이 아니라 지금 할 수 있는 것을 하면서 그냥 하루하루 무탈하게 지내는 거죠. 그 시간을 지나는 동안 할 수 있는 일이 없다는 걸 받아들이는 것, 그것이 제가 이야기하는 체념과 받아들임입니다. 언제나 최대치의 노력을 하면서 살려고 하지 마세요. 운의 흐름에 따라 완급 조절을 하세요.

계절이 바뀌고 절기가 넘어갈 때가 되면 지금 내가 어떤 구간을 지나는지 알게 됩니다. 그러면 그 구간에서 할 수 있는 일을 하세요. 운이 좋으면 좋은 대로 나쁘면 나쁜 대로요. 그 구간이 끝날 때쯤 다시 다음 방향을 잡으세요. 이것이 운의 흐름에서 멋지게 서핑을 타는 방법입니다.

서핑을 잘 타다가 다음 계절이 오면 이제 목표했던 무언가를 열심히 해보겠죠. 그때도 혹여나 큰 기대는 하지 마세요. 아직 상승세 구간에 접어든 게 아니라면 그냥 까먹는 일이 될 수도 있으니까요. 인생은 준비하고 계획한 대로 되지가 않더라고요. 그때그때 운의 흐름을 잘 타며 열심히 사는 게 전부일지도 모릅니다.

파도에 올라타는
또 하나의 방법

트라우마 극복하기

"나는 부동산에 트라우마가 있어서요."

"나한테는 사람들이 트라우마예요."

우리는 일상에서 '트라우마(trauma)'라는 용어를 자주 사용하는데요. 정밀한 의학적 개념으로 사용하진 않죠. 대개는 마음의 커다란 상처, 자존감이 무너지는 순간을 '트라우마'라고 하는 것 같아요. 참고로 국어사전에는 '트라우마'의 정의가 이렇게 쓰여 있습니다.

"정신에 지속적인 영향을 주는 격렬한 감정적 충격. 여러 가지 정신장애의 원인이 될 수 있다."

여기에서도 의학적 개념이 아닌 일반적인 의미로 개념

을 이해하고 얘기를 풀어보겠습니다.

같은 말에 다른 반응을 보이는 사람들

'돈과 운의 법칙'에 대해 얘기하다가 갑자기 관계도 없는 무슨 트라우마 얘길 꺼내냐 생각하실지도 모르겠네요. 아닙니다. 관계가 있습니다. 트라우마는 우리의 돈과 운과 관계가 있습니다.

먼저 트라우마를 어떻게 다루어야 하는지에 대해 살펴보겠습니다. 우선 운의 흐름과 자신의 상태, 두 가지를 기본 변수로 볼 수 있습니다. 똑같은 말을 들었는데, 누구는 화를 내고 누구는 수긍하며 고개를 끄덕입니다. 또 누구는 스스로 변화하는 계기로 삼기도 하지요. 이렇게 다르게 반응하는 이유는 각자의 운 상태와 그동안 살아오며 쌓아온 배경지식과 가치체계가 다르기 때문입니다.

우리는 대개 자신의 가치체계를 통해 자기 마음을 보호하고 자기 자신을 설득합니다. 가치체계를 바꾸게 되는 주요한 계기는 첫 번째는 교육이고, 두 번째는 특정 사건입니다.

교육은 긍정적인 의미이고, 사건은 전환점처럼 생각될

때가 많죠. 주어진 상황이나 시대와 잘 부합하는 교육과 사건은 그 사람에게 좋은 영향력을 미치고 사회적으로 올바른 대응법을 익히도록 해줍니다. 부모의 담배 냄새 때문에 절대로 담배를 피우지 않게 되는 경우가 여기에 해당하겠지요. 문제는 운이 나빠지는 순간이 되면 교육이든 사건이든 그 영향력이 안 좋은 쪽으로 작용하게 된다는 겁니다.

점을 보면서 손님의 반응이 당황스러울 때가 있는데, 대개는 트라우마를 자극했을 때 그런 반응을 보이곤 합니다.

"남자 덕이 없으시네요. 초반운이 없어요."

"결혼 생각도 없어요. 결혼 관심 있어서 온 거 아닌데요."

저는 점사로 보이는 팩트를 말씀드렸을 뿐인데, 왜 손님은 불쾌한 감정을 간접적으로 표출하는 걸까요. 그리고 다음 내용이 이어집니다.

"그동안 꽝이었지만 그래도 앞으로 좋은 결혼 운이 하나 있으니 그때 어떻게 할지 결정하고 그 후에 일을 해도 될 것 같습니다."

이때 손님의 반응이 어떨 것 같나요? "저는 결혼에 관심 없다니까요"라고 화를 내실까요? "싫고요. 제 일은 어떻냐고요?"라며 짜증을 내실까요? 아닙니다. 대부분 기뻐하세요. 당연합니다. 결혼이 싫은 게 아니라 포기했던 것이니까요. 앞으로 좋은 운이 하나 있다는데, 희망을 버리고 싶은 사람은 없죠.

놀랍죠? 자신도 알았던 겁니다. 살면서 얻게 된 배경지식과 가치체계를 통해 스스로 결혼이 어려우리란 판단을 하고 있었던 겁니다. 알면서도 포기할 수밖에 없으니까 마음의 상처가 되었던 것이고요. 그러니 제가 점사를 근거로 팩트를 말씀드렸음에도 약점을 들킨 것 같아 자존심이 상하고 기분이 안 좋을 수밖에요.

상처에 대처하는 자세

자, 어쨌든 안 좋을 일을 겪었고 마음에 남았어요. 그럼 그 상처를 죽을 때까지 가져가야 할까요?

1. 계속 가지고 간다.
2. 어느 순간 까먹는다.
3. 극복한다.

2번은 트라우마가 아닙니다. 트라우마의 자취는 비단 기억에만 남지 않아요. 몸에도 남아요. 혈자리가 반응하면서 막히고 체하고 합니다. "매운 떡볶이에 캡사이신을 추가해서" 뭐 이렇게 상상하면서 말만 했는데도 머리에 땀나는 분들 있잖아요? 몸에 남은 기억이 반응하는 예이지요.

일반적으로는 1번의 형태가 많습니다. 계속 가지고 가는 거죠. 그런데 그런 것이 운이 좋아지면 제일 첫 번째 타깃이 되어 해결하고 싶어집니다. 제 얘기를 잠시 들려드릴게요.

저는 스물여섯 살에 현대 엑센트를 탔습니다. 그때 여자친구와 함께 걸어가다가 재규어를 보고 "와~ 멋지다. 너랑 저 차 타고 드라이브 가고 싶어" 그랬는데 여자친구가 "네 능력으론 못 살걸? 저거 엄청 비싸" 그러는 겁니다.

이후 저는 재규어를 볼 때마다 그 여자친구가 생각났습니다. 재규어는 평생 타지 않겠다고 결심했죠. 그리고 스물아홉 살에 돈을 모았을 때 집보다 차를 먼저 바꿨습니다. (흥!)

여자친구의 "넌 능력이 없잖아"란 말에 자존심에 상처를 입었지만 결국에 내가 능력이 없는 게 아님을 실제로 증명하고서 마음을 단단하게 하니 상처받았던 자존감이 회복되었지요. 우리 모두 마찬가지입니다. 1번으로 가다가 운이 좋아지면 3번으로 가는 겁니다.

그럼 트라우마는 한 개일까요? 아니죠. 정말 많죠. 살찐 거, 공부 못한 거, 키 작은 거, 못생긴 거, 못 산 거 등등 엄청 많죠. 인생 자체가 트라우마입니다. 하나씩 자기를 달래주고 채워나가는 것이 삶의 극복입니다. 그것을 해결하는 과정이 카타르시스이고, 그 결과로 나의 자존감이 강해지고 만족도가 높아지는 겁니다.

그러면 이럴 때는 언제 올까요. 크게 보면 좋은 운의 흐름을 타는 구간이 되어야 합니다. 그때 즈음 트라우마를 해결하는 사건을 만나고 넘어갑니다. 아빠로 인해 마음의 상처가 많았던 사람이 자신을 따뜻하게 보살펴 주는 남자친구를 만나서 상처를 극복하고 해결했다. 이런 이야기가 흔히 보는 사례죠.

트라우마가 성취로 변해가는 4단계

일정 수준 트라우마가 해결되면, 그다음에는 삶의 진정한 목표를 정하고 자기 본성을 사회적으로 발현하는 여정에 들어서게 됩니다. 여기서 또 제 얘기를 해볼게요.

제가 다섯 살 때 안검하수인 것 같다며 엄마가 쌍꺼풀 수술을 해주셨어요. 하지만 자라면서 한쪽이 풀렸죠. 짝

짝이 눈이 됩니다. 학교 다니는 내내 놀림을 당했고 지금도 콤플렉스입니다.

그러다 제가 크고 나서 뉴스를 보다가 파키스탄에서 무료 개안 수술을 해주는 의료봉사단체가 있다는 이야기를 듣습니다. 몇 달 동안 그 얘기가 머릿속을 떠나지 않았습니다. 그리고 삶의 목표를 정하게 됩니다. 제 목표는 안과병원을 세우고 개안재단을 통해서 사회에 기여하는 것, 그 시스템이 알아서 돌아가도록 만드는 것입니다. 엄마의 잘못된 판단으로 쌍꺼풀 수술을 당한 아들이 찾아낸 삶의 목표가 참 재미있죠?

자, 한번 정리해볼까요? 트라우마도 다음과 같은 순서로 길운으로 바꿔나갈 수 있습니다.

1. 트라우마가 생긴다. 쌓아둔다.
2. 운이 좋아지면서 트라우마 상태를 해결한다.
3. 더 큰 삶의 목표와 희망을 설정한다.
4. 성취를 통해 만족과 행복을 얻는다.

트라우마가 있는 자신을 받아들이세요. 언젠가 해결될 날을 위해 지금 무언가를 얕게라도 해보는 것도 방법입니다. 그러다 보면 어느 순간 트라우마를 잊고 더 큰 삶의 목표를 고민하게 될 겁니다.

'내가 앞으로 하고 싶은 것을 써놓는 것'에서 그친다면 트라우마 역시 그대로 남게 됩니다. 트라우마를 극복하려면 '내가 앞으로 잘되기 위한 계획을 세우고 행동에 옮기는 것'까지 되어야 합니다.

물론 계획을 세우더라도 행동에 옮기는 것까지는 대단한 의지와 노력이 필요합니다. 어제는 되다가 오늘은 잘 안 될 수도 있어요. 그래도 괜찮아요. 멈추지 말고 내일 또 하면 됩니다. 이렇게 죽을 때까지 자기 트라우마와 싸우는 것, 자신의 한계를 뛰어넘는 것이 삶이에요.

저 역시 매일매일 트라우마를 극복하고 있어요. 제게 트라우마가 한 40개쯤 있는데 10개 정도는 해결한 것 같습니다. 남은 30개도 꾸준히 해결해나갈 겁니다.

누군가에게 어떤 이야기를 들었는데 기분이 팍 상했다면 "아, 저 사람이 지금 내 트라우마를 건드렸구나. 내 안에 이런 트라우마가 있구나"라고 생각하고 받아들이세요.

특히 흥운의 구간에서는 트라우마가 자주 튀어나옵니다. 그걸 받아들이는 것이 문제를 해결하는 첫 번째 단계입니다. 트라우마를 받아들이고 한 걸음 나아가면 상승하는 운의 흐름을 타는 것이고, 그것을 받아들이지 못하고 상대에 대한 분노와 저주로 표출하면 하락하는 운의 흐름으로 가게 됩니다.

트라우마가 있는 자신을 받아들인 다음에는 무엇을 해야 할까요. 이제 뭐라도 해봐야지요. 아무것도 안 하면 아무 일도 일어나지 않겠죠. 뭐라도 해봐야 합니다. 해봐야 알아요. 해보고 나서 해결이 안 된다는 것을 아는 것 역시 중요합니다. 적어도 앞으로 시도해야 할 선택지는 줄었잖아요.

자신의 트라우마와 대면하는 것을 두려워하지 마세요. 누군가의 말이나 어떤 상황에 지나치게 기분이 상한다면, 그 부분이 자신도 모르던 자기 트라우마일 수 있습니다. 인정하고 극복과 해결에 집중하세요. 단순한 감정의 분출은 해결에 아무런 도움이 되지 않습니다.

트라우마를 해결하며 한 단계 나은 자기 자신을 마주하길 바랍니다. 저는 오늘도 여러분이 잘되기를 기원합니다.

월급쟁이로 남을 것인가, 사업가가 될 것인가

운의 상한선, 운의 하한선

"저는 얼마나 버나요?"

"제 그릇은 얼마나 큰가요?"

상담하면서 많이 듣는 이야기입니다. 제일 난감한 질문 중 하나이기도 해요. 과연 그런 것이 정해져 있을까요? 답은 '예' 그리고 '아니요'입니다. 정해져 있기도 하지만, 또 정해져 있지 않기도 하거든요.

마흔 전에 100억 원을 번
어느 자산가 이야기

그럼 운의 상한선은 어떻게 결정될까요? 그건 바로 스스로 얼마나 '도전'하느냐에 달려 있습니다. 뻔한 얘기 아니냐고요? 아닙니다. 제 얘기를 들어보세요.

지인 중에 그런 분이 계세요. 이분은 스물한 살 때부터 아르바이트를 해서 모은 돈으로 피시방을 차렸습니다. 그걸 팔아서 핸드폰 가게를 열었고요. 잘되니까 매장을 세 곳이나 냈어요. 이후에는 화장품 사업을 합니다. 그러다가 홀랑 말아먹고는 수상스키 사업으로 돈을 벌어 다시 피시방을 합니다. 현재는 화장품 수출입 사업을 하고 있고 총 자산이 100억 원이 넘습니다.

이분의 주변 친구 열다섯 분 정도가 저에게 손님으로 오시는데, 그분들의 최종학력은 모두 고졸입니다. 그분들이 농담으로 하는 말씀이 고졸 이상이면 자기네 멤버로 못 들어온다고 하더라고요. 그분들이 모여서 "이번 건 괜찮은 거 같으니 한번 투자해보자"라고 하면 투자금이 5억에서 20억 원까지 됩니다. 여유자금이 그만큼 넉넉하다는 거죠. 일을 진행하는 과정도 한 달을 넘기지 않아요. 결정도 빠르고 진행도 빨랐습니다.

그런 상황을 몇 년째 지켜보던 저는 궁금했습니다. 어떻게 했기에 마흔 전에 100억 원이 넘는 자산을 만들었을까. 저는 궁금한 건 그냥 솔직하게 물어봅니다. 이분이 들려준 답은 혜안 그 자체였습니다.

"나는 거의 본능처럼 계속 투자를 했다. 스무 살부터 무려 20년째 하고 있다. 예전에는 올인했다가 쫄딱 망해보기도 했지만, 지금은 룰을 정확하게 지킨다. 먼저 5분의 1을 넣어보고 일단 괜찮다 싶으면 5분의 1을 더 넣는다. 5분의 2를 투자해서 5분의 5를 만들면, 그중에서 다시 5분의 1을 빼서 새로 발견한 업종에 투자한다."

오오, 다들 비율에 답이 있다고 생각하겠죠? 물론 비율도 중요합니다. 하지만 저는 다른 포인트에서 놀랐습니다. 20년 동안 꾸준히 다음 투자 거리를 찾아냈다는 게 더 대단하게 생각되더라고요. 이분은 저와 상담할 때도 늘 신규 아이템을 물어보곤 하셨습니다.

그다음으론 일을 추진하고 진행하는 능력에 주목했습니다. 한 번 투자해서 돈을 벌고 성공하는 데에 만족하지 않고 5분의 1씩 떼어내어 다음 투자에 도전함으로써 성공 가능성을 계속 높여왔잖아요. 그렇게 하려면 무슨 일이든 끝까지 '되게 한다'라는 투지가 있어야 합니다. 그런 투지는 아무에게나 없는 거죠.

심지어 어느 날엔 성형병원 어떨 것 같냐고 물어보더군요. 의사면허도 없으면서 어떻게 할 거냐고 했더니 "사람 쓰면 되지"라는 답이 돌아왔습니다. 순간 무릎을 쳤습니다. '이분에겐 무엇도 제약이 되지 않는구나' 싶었죠. 그분은 고졸 학력으로 오토바이 배달부터 시작했지만 그런 조건이 제약으로 작용하지 않았습니다. 실제로 관심이 가지 않아 안 한 것은 있어도 못할 것 같아서 도전하지 않은 일은 없다고 하더군요.

운의 관점에서
우리가 새로운 일에 계속 도전해야 하는 이유

이분과 대화하며 깨달은 것을 여섯 가지로 정리해봤습니다.

첫째, 주기적으로 신사업을 시도한다.
둘째, 고민하기 전에 먼저 행동한다.

셋째, 투자 배분의 원칙을 지킨다.

넷째, 불확실할 땐 부분투자나 동업으로 해본다.

다섯째, 안 되면 되는 걸 찾아서 다시 해본다.

여섯째, 나에게 맞는 일만 하지 않는다. 새로운 일에 내가 적응한다.

사실 특별한 게 없어 보일 수 있습니다. 중요한 건요. 여섯 가지 원칙을 스무 살 때부터 20년 동안 실행해왔다는 사실입니다. 그리고 늘 시장의 변화에 깨어 있었기 때문에 트렌드를 잘 좇아서 타율이 높았다는 것, 즉 계속 업종을 바꿔가며 신사업에 도전했다는 것이 중요합니다.

그렇다면 끊임없이 새로운 업종에 도전하는 게 왜 중요할까요. 도전은 운의 관점에서 보면 페인트를 여러 번 덧칠한다는 개념입니다. 덧칠을 많이 하면 할수록 두께가 두꺼워지고 강해지는 겁니다. 다시 말해, 새로운 도전을 거듭할수록 운의 흐름을 여러 번 타게 되고, 좋은 운의 도움을 받는 횟수가 그만큼 많아진다는 뜻이기도 합니다.

도전보다는 안정을 추구하는 사람들이 있습니다. 워라밸 등을 추구하며 사는 데에 좋은 운을 주로 씁니다. 그런데 한 회사에 7년 이상 다니고 있다면 한 번쯤 생각해봐야 합니다. 자신이 진정으로 원하는 게 안정인지, 혹 도전을 피하면서 안주하려는 건 아닌지를요. 본인이 정말 원하는 게 안정이라면 문제가 없고요. 만약 아니라면 다시 생각해봐야겠지요.

우리는 하고 싶은 일만 하거나 그다음 것을 배우지 못하면 빠르게 도태하는 시대에 살고 있습니다. 그러니 끊임없이 공부해야 합니다. 그런데 우리에게 필요한 사회적 배움은 학교에 없어요. 기본기와 사회화 패턴을 배울 뿐이고 실질적인 건 사회에서 배우죠. 이런 사회에서의 배움은 본인 스스로 도전하지 않으면 절대로 얻을 수 없는 법입니다.

24년간 회사원으로 살기 vs. 24년간 사업가로 살기
같은 운을 가지고 다르게 사는 사람들

흥은 저절로 일어납니다. 하지만 길은 저절로 일어나지 않습니다. 무언가를 '해야만' 좋은 일이 생깁니다. "언제 좋은 배우자를 만나요?"라고 물을 게 아니라 스스로 이성을 많이 만나야 그중에서 자신과 인연이 닿는 상대를 만납니다. 사업이나 투자에서도 마찬가지입니다. 아무런 도전도 하지 않으면서 "제가 사업으로 성공할까요?"라고 묻지 마세요. 행하지 않는 사람에게 좋은 운은 저절로 일어나지 않습니다.

24년간 세 번의 사업을 벌인 분이 있고, 24년간 성실하게 한 회사를 다니다가 부사장으로 승진한 분이 있습니다. 두 분의 자산은 대략 어느 정도 차이가 날까요? 적게는 4배 많게는 8배 이상 차이 나는 경우도 봤습니다. 두 분이 바로 '같은 운을 다르게 사는' 경우라고 할 수 있습니다.

물론 두 사람을 옆에서 보는 사람들은 "둘 다 잘사는데?"라고 이야기할 거예요. 하지만 저는 어떤 사주의 최고치, 또는 상한선을 많이 봤잖아요. 그러니 24년간 한 회사만 다닌 분에게는 뭐든 더 해보시라고 말씀드려요. 그러면 그분은 어리둥절하다는 반응입니다. 본인이 보기엔 굳이 뭔가를 안 해도 되는데 왜 자꾸 뭘 하라는 건지 이해가 안 되는 거죠.

실제로 좋은 운이 지속하는 구간에선 불만 사항이 딱히 없기도 해요. 특별히 상황을 타개하려고 발버둥 칠 상황을 만들 필요도 없지요. 그러고 보면 더 나은 인생을 위한 혁신과 베팅은 '고생'에서 출발한다고도 할 수 있겠네요.

당신의 자리를 보면
운의 상한선과 하한선이 보입니다

"지금 다니는 회사를 계속 다닐까요, 아니면 퇴사해서 사업을 할까요?"라고 물어보면 저는 이렇게 답해드려요.

"운이 안 좋으면 회사원으로 남아 한 분야의 일만 하는 것이고, 운이 상승하고 능력치가 올라가면 사장이 되어 여러 분야 일을 할 수 있게 됩니다."

그러니까 운의 흐름도 봐야 하지만 스스로 능력치를 올리려는 노력도 필요해요. 능력치를 올리려면 어떻게 해야 할까요. 하나하나 배우면서 도전해봐야 합니다. 물론 더 많은 기회가 주어지는 분들이 있죠.

하지만 누구에게나 기본 운은 있어요. "인생에 기회는 딱 세 번 온다"라고 하는데 이건 틀린 말이에요. 운이 하강세가 아니라면 기본 운으로도 기회를 잡을 수 있습니다. 이번 구간에서 못하면 다음 구간까지 기다리면 됩니다. 다음 구간까지 5~6년 기다리면서 공부하고 준비해서 다음 단계로 올라가는 거죠. 그렇게 10년, 20년을 노력하는 사람과 그냥 현 단계에 만족하고 머무르는 사람의 인생이 같을 수는 없습니다.

안정이 마냥 좋은 것이 아닙니다. 뭔가가 안정됐다 싶으

면 다음 것을 더 도모해보세요. 언제까지요? 6개월 정도
는 해보세요. 그래도 안 되면 다음 구간을 기다려보는 거
고요. 그것이 운의 상한선을 높이는 방법입니다. 참 쉽죠?

모든 혁신과 변화는 더 잘되기 위해서 하는 겁니다. 드디
어 월급을 받게 되셨나요? 축하드립니다. 미션 1이 끝났으
니 얼른 미션 2 '돈 버는 다른 일'에 도전하세요. 연봉 1억
이 될 때까지는 멈추지 마세요. 상승 흐름을 그대로 끌고
가는 것도 인생의 기술입니다.

"자신의 기본 운을 뛰어넘을 수 있어요"

상호작용의 법칙 & 5의 법칙

"이거 돼요, 안 돼요?"

상담받으러 오는 분 중에 거두절미하고 이렇게만 물어보는 분들이 있습니다. 문제를 푸는 과정은 생략하고 정답만 알아가겠다는 거예요. 이런 분의 심리는 뭘까요? 시간 낭비 안 하겠다, 손해 보기 싫다 이런 마음 아닐까요. 한마디로 '최소한의 노력으로 최대한의 효율을 내고 싶다'라는 거겠죠.

여기에 더해 결과는 '자신이 생각한 대로' 나오길 바랍니다. 무엇이든 꿈꾸는 대로 이루어진다는 말을 믿는 거겠죠. 사람의 심리상 이런 생각을 할 수는 있습니다. 하지만 별로 범용적이진 않다고 봅니다. 이게 되는 분이 몇이나 될까요? 기도발 통하는 분이 있다면 역으로 부탁 좀 드리고 싶네요. 우리가 함께 살아가는 이 시대도 좀 바꿔 주십사 하고요.

1만 시간이 운에 미치는 영향

《1만 시간의 법칙》이라는 책 많이들 읽어보셨을 텐데요. 1만 시간을 하루 8시간 근무에 주 5일제 기준으로 계산해보면 약 4.8년이 나옵니다.

8시간 × 5일 × 52주 × 4.8년 = 약 10,000시간

1만 시간은 운의 법칙에서도 중요한 의미가 있는 시간입니다. 자기 인생에서 중요한 일이라면 그 일은 당해 년 포함해서 최소한 5년은 지속해야 합니다. 그 정도 시간은 되어야 자기 성장에 밑거름이 되는 사건들과 감정들*을 충분히 겪으면서 나와 사건, 나와 사람, 사건과 사건 사이

● 인간의 감정에서 중요한 것은 희노애락애오욕(喜怒哀樂愛惡欲)의 칠정, 즉 기쁨, 노여움, 슬픔, 즐거움, 사랑, 미움, 욕심입니다.

를 지나는 나의 시간을 제대로 알아갈 수 있기 때문입니다.

그럼 5년 이상 지속하면 무조건 다 잘되냐고요? 그렇진 않죠. 모두가 특별히 잘될 순 없습니다. '상위 3퍼센트'라는 건 어차피 정해져 있으니까요. 다만 5년 정도 꾸준히 노력하면 업계에서 살아남는 건 가능합니다. 저는 이것을 '5의 법칙'이라 부릅니다.

그런데 많은 사람들이 딱 그 정도 노력만 하고는 잘되기를 바라는데요. 아닙니다. 5년은 업계에 존속하는 '기본' 조건일 뿐입니다.

그러면 어떤 분은 "아무리 노력해도 기본밖에 안 되는 거냐, 그렇다면 노력은 해서 뭐 하냐" 이럴 수도 있죠. 자신의 기본을 뛰어넘는 방법이 있습니다. 우리가 알아야 할 건 이거죠. 이제부터 그 구체적인 방법을 알아보겠습니다.

기본 운 뛰어넘기 (1) : 상호작용의 법칙

첫 번째는 사람과의 상호작용입니다. 사람을 대하는 업종에 있는 분들이 그렇지 않은 업종에 있는 분들보다 같은 기간 대비 훨씬 더 빠르게 성장합니다. 실제로 투자의 대가들 가운데 젊을 때 영업직을 경험한 분들이 많습니다. 왜일까요.

수많은 사람을 만나 부딪히면서 쌓은 경험이야말로 생생하고 실질적인 성장의 거름이 되기 때문이죠. 좋은 경험만 하는 건 아닙니다. 귀인도 있지만, 진상이나 돌아이 역시 어디든 존재하니까요. 어떤 쪽이든 사람과 직접 만나면서 쌓은 경험은 우리의 성장 곡선을 확실한 상승세로 이끌어줍니다.

그럼 반대는 뭘까요? 바로 학교입니다. 의무과정 말고 선택과정을 말씀드리는 겁니다. 학교에서도 많은 것을 배우고 경험할 수 있겠지만, 사회에서 사람과 부딪히며 경험하는 것과는 '생동력'에서 결정적인 차이가 있습니다. 사람과의 경험은 상호작용을 통해 사회화가 이뤄지도록 해주지만, 학교에서 배우는 경험이란 건 일방적으로 주어지기만 하잖아요.

그러니까 사람 만나서 깨지는 것을 두려워하지 마세요. 세상이 기회를 제공하면 무조건 낚아채서 사람들과 엮여 다양한 경험을 쌓으세요. 이것이 업계에서 빠른 속도로 성장하는 첫 번째 비법입니다.

기본 운 뛰어넘기 ⑵ : 5의 법칙

두 번째는 앞에서 말씀드린 1만 시간의 법칙에 답이 있습니다. 어떤 일을 1만 시간 이상, 즉 5년간 지속하면 어떤 일이든 기본 이상은 할 수 있습니다. 다시 말해 '5의 법칙'입니다.

기본적으로 바닥에서 시작해 제대로 성공하기까지 3~5년이 걸립니다. 그리고 이 구간이 끝나면 3년 단위로 주기가 바뀝니다. 바로바로 다음 레벨업이 가능한 구간으로 진입하는 거죠! 이렇게 5의 법칙에 따라 레벨업을 하는 경우를 연예인과 사업가, 두 가지 경우로 살펴보겠습니다.

연예인은요. 일을 시작함과 동시에 3년간 연이어 뜨는 경우가 있습니다. 하지만 사업가는 다릅니다. 제대로 유지되는 회사를 보면 설립 후 5년 차 전후에 반드시 어떤 '사건'이 일어납니다.

연예인과 사업가는 왜 다를까요? 연예인의 일은 명예, 인기 등에 의해 움직이지만 사업은 철저하게 돈과 운영에 의해 결정되기 때문에 미묘하게 순서가 다릅니다.

- 연예인 : 시작 3년 차에 성공하고 5년 차에 한 번 더 상승

•사업가 : 시작 5년 차에 성공하고 이후 3년 단위
　　로 연속 상승

　참고로 연도를 셀 때는 당해 연도부터 세는 것이 맞습니다. 그리고 연예인의 경우는 작품을 같이하는 다른 사람 때문에 같이 잘되는 것처럼 보이기도 합니다. 완벽하게 자기 운만으로 되는 것이 아닐 때도 있으니 그런 점을 감안해서 이해해야 합니다.

　이에 비해 사업가, 즉 기업의 경우는 좀 더 명확합니다. 책을 쓰면서 유수한 기업들의 행보를 다시 한번 찾아보았는데요. 하나같이 5년 차에 큰 성장 드라마를 겪었고, 이후 지금의 거대 기업이 되었다는 사실에 매우 놀랐습니다. 단순하게 자신의 운을 타는 것처럼 보이지만, 모두 5년의 구간을 거치고 좋은 타이밍을 만나 비로소 위대한 기업이 되었음을 확인할 수 있었습니다.

네이버

1998년 Naver 채널 설립

1999년 분사 및 투자금 유치

2000년 한게임 인수

2002년 지식검색 개발, 코스닥 상장

2004년 코스닥 업종 시가총액 1위 기업 등극

한메일

1995년 설립

1997년 한메일 오픈

1999년 '다음'으로 사명 변경, 흑자 전환, 코스닥 상장

삼성전자

1969년 삼성전자공업 설립

1973년 한국반도체의 주식 매입으로 반도체산업 진출

1977년 컬러TV 수출, 업계 최초 미국 현지법인 설립

SKT

1984년 한국전기통신공사의 자회사인 한국이동통신서비스로 설립, 카폰과 삐삐사업을 양수받음

1988년 한국이동통신으로 변경, 휴대전화 서비스 개시

1992년 제2이동통신사업자 선정

애플

1976년 설립

1980년 나스닥 상장

"흐름에 올라타세요, 삶이 훨씬 더 편해집니다"   **143**

쿠팡

2010년 설립

2014년 로켓배송 도입

2018년 물류센터화

2022년 흑자 전환

　우리가 익히 아는 기업들은 대부분 5년 차에 마의 고비에 맞닥뜨립니다. 이때 어떤 변형의 계기를 맞이하고, 그때 어떻게 베팅하는가에 따라 한 번 더 크게 상승하느냐 마느냐가 결정됩니다. 이 흐름을 따라가지 못하는 회사들은 깨지기도 합니다.

　창업 후 5년이란 시간은 일종의 뜀틀의 구름판이 아닐까 생각합니다. 실제로 5년 차에 구름판을 딛고 점프에 성공한 그룹과 점프에 실패한 그룹의 역사가 어긋나는 것을 눈으로 확인할 수 있습니다. 특정 기간의 운의 누적, 타이밍에 따른 베팅, 혹은 도전이란 것이 이렇게나 중요합니다.

　어떤 사람들은 기업이란 것이 한 번 뜨고 자리를 잡으면 그 뒤로 계속 유지된다고 생각하기도 하는데요. 아닙니다. 살아남는 것은 너무나 어렵습니다. 그렇기 때문에 설립 후 5년간 해당 업종에서 생존했다면 그 자리에 주저

앉지 말고 그 다음을 향해 움직여야 합니다. 그래도 다행인 것은요. 5년간 잘 버텼다면 그 이후부터는 레벨업이 훨씬 빨라질 뿐 아니라 더 높이 뛰어오를 수 있단 사실입니다.

이런 얘기를 들으니 어떤가요? 어떻게든 최소 3년, 아니 5년은 무조건 버텨야겠다는 생각이 들지요? 연예인도 사업가도 아닌 다른 직업, 다른 직종의 사람들에게도 5의 법칙은 유효합니다. 5의 법칙을 넘어서면 그때까지 쌓아온 것들을 바탕으로 '트랙'에 올라설 수 있습니다.

그동안 꾸준히 같은 일을 했으니 이제 트랙에 올라타도 된다고 세상이 허용해주는 겁니다. 트랙에 올라타면 '가속도' 구간에 진입할 수 있고요. 일정 속도 이하로 떨어지지도 않죠. 이런 것을 '항상성'이라고 합니다.

만약 제대로 '한길'을 판 사람이 세 번째 1만 시간을 지나면 어떻게 될까요? 매우 아름다워지겠죠! 물론 그 한길이 '나에게 맞는 길'이어야 한다는 것은 두말할 필요도 없고요.

자신의 운이 상위 3퍼센트에 해당하지 않는다 해도 이 세 번째 구간까지 오면 운을 한 번 틔워줄 수 있는 계기를 마련할 수 있습니다. 만일 조직에 있는 분이라면 승진 당첨, 자영업자라면 업종 레벨업도 가능하죠.

누구나 자신의 운을 뛰어넘을 수 있습니다

자, 자신의 기본 운을 뛰어넘는 방법에 대해 정리해보겠습니다.

> 1. 무슨 일을 하든 5년 이상 지속하라.
> 2. 많은 사람들과 부딪히면서 경험을 쌓아라.
> 3. 1번을 두 번 이상 반복하며 버텨라.

이 정도 노력도 하지 않고 갑자기 잘될 때 우리는 '운발'이라는 단어를 쓸 수 있습니다. 적어도 5년에서 10년 동안 한 업종에서 일하면서 기본 이상을 찍으면 '본업'이에요. 15년 이상이 되면 그때 '전문가'라고 할 수 있습니다. 이건 업종 불문하고 누구에게나 적용되는 패턴입니다.

내가 노력한 시간의 양이, 내가 만난 사람의 수가 '기본을 뛰어넘어 운에 올라타는' 상황을 만들어줍니다. 그러니까 타고난 운이 어떻든 무조건 안 되는 사람은 없다는 겁니다. 누구나 기본까지는 갈 수 있고, 거기서 더 나아가면 점프도 할 수 있습니다. 자신에게 맞는 길을 잘 찾아서 꾸준히 지속할 수 있다면 말입니다.

만약 어떤 일을 5~6개월 해보고 아니다 싶으면 빨리

그만두세요. 자신에게 맞는 다른 길을 찾아봐야 합니다. 바꾸는 기준은 뭘까요? '남이 나에게 돈을 주는 상황이 되는가'에 있어요. 즉 '사회에서 나를 인정해주는가'를 기준으로 냉정하게 판단해야 합니다. 사회가 인정하지 않으면 그냥 취미일 뿐이고, 사회가 인정해서 돈이 나오는 상태이면 본업이 됩니다.

투자도 마찬가지예요. 자신이 직접 고민하고 부딪쳐서 해봐야 자신에게 어떤 투자가 맞는지 잘 판단할 수 있습니다. 자신이 스스로 알아내야 자신 있게 결정할 수 있고요. 다른 사람 따라서 하는 투자는 의심이 생겨서 힘들 수 있습니다. 제가 "사주에 이렇게 나와 있습니다"라고 알려드려도 마찬가지고요. 자신에게 맞는 투자법을 직접 찾아서 10년 이상 꾸준히 해보세요. "나는 운이 나빠서 절대 돈을 벌 수가 없다"라는 말은 할 수 없을 겁니다.

불안하다면
잘하고 있는 것이다

안정을 느낀다면
오히려 실수하고 있는 것

누구에게나 고민이 있고 해결해야 할 문제가 있습니다. 다만 식음을 전폐할 정도의 문제인지, 아니면 잠시 짜증을 일으키고 마는 정도의 문제인지의 차이가 있을 뿐입니다. 여러분은 어떠신가요?

문제에 부딪혀야 성장합니다

문제가 발생하면 사색이 된 얼굴로 저를 찾아와 "어떻게 하면 좋을까요?"라고 묻는 분들이 있습니다. 대부분

지나치게 스트레스를 받고 스스로를 할퀴는 사람들입니다. 전문가들은 뇌 신호가 불안정해서 생기는 스트레스라고 진단합니다.

그러나 일정 수준의 스트레스가 오히려 건강에 도움이 된다는 얘기는 들어보셨을 겁니다. 실제로 저는 불안할 때 "이 정도만 유지돼도 다행이다"라고 말하곤 합니다. 말이야 그렇게 하는데 사실 속마음은 그렇지 않습니다. 그렇게라도 혼자 지껄여야 불안함을 조금이라도 떨칠 수 있기 때문에 하는 거지요.

하지만 완전히 떨칠 순 없어요. 이런 상황을 여러 번 겪어본 저는 곧 안 좋은 일이 생길 것 같은 느낌이 듭니다. 아니 안 좋은 일이 꼭 터집니다. 짐짓 아무렇지 않은 듯 허풍을 떤 것은 일부러 기분을 업시키려 그런 거예요.

더구나 안 좋은 일이 연이어 발생할 때면 정신이 하나도 없습니다. 하지만 어떻게든 문제를 풀어보려고 허둥대다가 일단 밥이나 먹자 하고 다 내려놓으면, 어느 순간 그토록 찾아 헤매던 해결책이 보이기도 합니다.

실수 없는 인생은 없습니다. 운도 좋고 문제도 없고 평탄하기만 인생은 어떨까요? 물론 평탄한 게 좋기는 하죠. 하지만 이런 삶에는 성장의 기회가 없습니다. 운의 흐름이 좋아도 더 이상 성장하지 못하는 거죠. "난 지금 특별한 문제가 없어요"라고 말하는 사람들입니다.

그러나 상승 운을 타는 사람들은 다음과 같은 과정을
겪게 됩니다.

1. 전체적으로 우상향의 흐름을 탄다.
2. 꾸준하게 문제가 생긴다. 한 단계의 문제를 해결
   하면 그다음 단계의 문제가 또 생긴다.
3. 문제 해결을 반복하다가 어마어마한 문제를 만
   나 해결책을 찾으면 저절로 레벨이 상승한다.

감정은 시시각각 바뀝니다. 감정에 휘둘리며 사는 건 지
성인의 모습이 아니죠. 뭔가 혼란함을 느낀다면 '아, 나의
감정이 이렇구나' 하고 생각하고, 감정에 따라 행동하려는
자신을 바로잡아야 합니다. 그리고 다시 이성을 붙들고
앞으로 나아가야 합니다.

그렇지 않고 그냥 그 자리에 멈춰서면 어떻게 될까요?
어중간하게 있는 돈으로 '이번에는 일본 여행이나 가볼
까?' 궁리하고 있다면, '월세 세팅이 끝났으니 편히 이자
나 월세 받아먹으면서 살아야겠다'라고 생각한다면 그 뒤
부터는 슬슬 인생이 내려앉는 겁니다. 저는 그렇게 생각합
니다.

한때 《시크릿》이라는 책이 유행했습니다. 생각한 대로 이루어진다는 긍정적 마인드를 강조했죠. 제 주변에도 "진짜 내가 생각한 대로 다 되었어요!"라고 말씀하시는 분이 있습니다. 제가 보기에는 그분의 운이 잘 받쳐줘서 그럴 수 있고요. 어쩌면 목표가 낮아서일지도 몰라요.

그럴 때 저는 "자, 이재용 회장만큼 되어보겠다고 말씀해보세요"라고 주문하고 싶습니다. 아무도 이런 주문을 하지 않는 걸 보니 간절하게 바라는 목표들이 각자의 형편에 따라 다른가 봅니다.

불만족과 불안이 인류의 번영을 이끌었다 해도 과언이 아닙니다. 인간은 늘 점점 더 높은 단계를 향해 나아갔으니까요. 문제는 하나하나 해결이 될 때마다 선물을 줍니다. 바로 성장이라는 선물입니다. 불만족과 불안을 안고서 가만히 있거나 회피하면 발전을 할 리가 없죠.

빠른 시간 안에 100억 벌기라는 큰 목표를 세우고 세부 계획으로 등기 하나 쳐보고, 주식 한 주 거래해보기를 하면서 각개격파의 노력을 하는 게 여러분을 성장으로 이끌 겁니다.

"무슨 생각을 해요, 그냥 하는 거지요"

물론 목표란 것이 뜻대로, 계획대로 이루어지지는 않습니다. 스트레스를 유발하기도 합니다. 그럼에도 노력을 멈추지 않고 나아간다면 그다음에는 근성이 생겨 목표를 초과 달성하게 되죠. 이것이 승부 근성입니다. 현재 계획한 일이 잘 풀리지 않나요? 불안정한 상태입니까? 그렇다면 당신은 잘하고 있는 것입니다. 불안을 경험하는 것을 두려워하지 마세요. 잘 살고 있다는 증거입니다.

김연아 선수에게 "무슨 생각을 하면서 연습을 하시나요?"라고 물으니 "무슨 생각을 해요, 그냥 하는 거지요"라고 대답했습니다. "그냥 하는 거지요"라는 말에서 참 많은 고통이 느껴지네요. 길흉의 경계에 익숙해진 겁니다. 그 경계는 어떻게 마주하느냐에 따라 넘나듦을 허용합니다. 그러니 불안해도 노력을 멈추지 마세요. 그리고 늦추지도 마세요.

만약 행복했던 시절로 돌아가고 싶거나, 돈 때문에 고민하는 일이 더 없길 바라거나, 해결책을 찾지 못해 계속 머리가 아픈 상황이라면 여러분은 현재의 상황을 뛰어넘을 준비를 하고 있는 겁니다.

쉬고 싶다면서 또 할 일을 만드는 사람이 이해가 안 된다고요? 그 사람은 성장을 멈추고 싶지 않은 겁니다. 은퇴는 더 이상 성장하고 싶지 않을 때 해야 합니다. 물론 내 마음대로 은퇴도 할 수 없는 세상이지만요. 하지만 마음속 은퇴만큼은 스스로 결정하세요. 여러 번의 도전을 거치고 자기 자신을 알게 된 후에 결정해도 됩니다. 자신을 들들 볶아서라도 성장을 멈추지 않길 바랍니다.

그런 사람이 있습니다. 바로 레오나르도 다 빈치입니다. 다 빈치는 다방면의 천재였지만 일상을 관리할 때는 일반인들처럼 평생 투두리스트(To-do-List)를 이용했다고 합니다. 완벽하게 자신의 것으로 만들지 못한 지식은 쓸모없다고 생각했다죠. 그토록 똑똑한 사람도 매일 계획을 세우고 실행에 옮겼는지를 체크했습니다. 그래서 빛나는 업적을 이룩한 것인지도 몰라요. 다빈치 뿐만 아니라 다양한 분야에서 두각을 나타내는 사람들을 보면 뇌가 잘 버티도록 엄청난 노력을 꾸준히 해왔다는 생각이 듭니다. 근육을 단련하듯 뇌도 훈련시켰던 거죠.

우리도 10개 이상 계획을 세운 뒤 해결하고 다시 또 10개를 채워볼까요? 아니 우선 5개씩이라도 해볼까요? 과제 해결에 대한 강박이 여러분을 구해줄 겁니다.

"생각하는 대로 살지 않으면 사는 대로 생각하게 된다"라는 유명한 말이 있습니다. 계획을 통해 스스로 자극을 받고, 문제가 생기면 이성과 행동으로 해결하고, 또 그다음 문제를 풀어가면서 얻는 것이 자신에 대한 믿음입니다. 이 믿음이 있어야 더 큰일을 계획하고 해결할 수 있습니다. 이것이 바로 성장, 즉 레벨업의 비결입니다.

결국에 좋은 성과를 내는 사람들의 공통점

실행과 뇌, 운의 삼각관계

인생은 실전입니다. 리허설이 없습니다. 딱 한 번 무대에 올라섰다가 퇴장하는 것이 인간의 삶입니다. 마하트마 간디는 "내일 죽을 것처럼 살고, 영원히 살 것처럼 배워라"라고 했다지요. 매일매일 치열하게 살고 포기하지 말라는 조언이겠죠. 내가 무대의 주인공이니까요. 그렇다면 인생은 과정이 중요할까요, 결과가 중요할까요?

과정의 의미, 결과의 의미

10대에는 어떻게 사고해야 하는가를 배웁니다. 20~30대는 과정을 배웁니다. 기본기를 익히는 시기입니다. 배운 지식들을 이리저리 실행해보기도 합니다. 40~50대에는 결과가 중요합니다. 결과가 안 좋으면 "기본기도 안 익혔냐?"라는 따가운 질책을 들어야 합니다.

저는 수학을 못했습니다. 수학책만 들면 머리가 지끈지끈 아팠답니다. 공통수학 공부는 앞쪽 진도만 겨우 나갔습니다. 다들 그 심정 아시죠? 집합만 10년 푸는 기분이랄까요? 그런데 이런 학습태도가 나중에 꼭 문제로 드러나더라고요.

문제를 풀 때는 틀린 것들을 복기하는 과정이 있어야합니다. 다시 실수하지 않기 위해서죠. 그리고 머리는 물론 몸에 밸 때까지 반복해야 합니다. 저는 이런 습관이 정말 중요하다는 것을 사회에 나와서 알게 됐어요. 특히 사람들의 운을 봐주는 점술가로서도 매우 귀한 습관임을 깨달았답니다. 생각해보세요. 저는 신이 아니잖아요. 운세를 잘못 파악할 때도 있죠. 저는 그때마다 재탐구하고 복기합니다. 실수 없이 제대로 알려드리려고요.

제가 한동안 주식에 빠져 있었는데 매수매도 실패를 할

때는 복기하며 공부했습니다. 그런데도 다시 종목을 사거나 팔 때 이전의 실수를 반복하더군요. 한 단계 더 인생을 발전시키고 싶다면 이런 문제들을 반드시 해결하고 넘어가야 합니다. 여기서 과정이란 이렇게 재탐구하고 복기하며 공부하는 시간을 말합니다. 결과는 예를 들면 수능 점수, 자산 가치, 현재의 사회적 위치 등이겠죠?

좋은 결과는 과정이 탄탄했음을 증거합니다

여러분은 어떻게 생각하나요? 삶에서 과정이 중요할까요? 결과가 중요할까요? 저는 배우는 과정에서 자신의 실수를 마주할 수 있는 자세가 중요하다고 생각합니다. 더는 실수하지 않겠다는 다짐은 넘어지더라도 다시 일어서겠다는 의지거든요

삶의 목표를 향해 정진할 때 계획대로 착착 진행되는 경우는 드물어요. 실수도 생기고 이런저런 문제들이 연이어 발생하죠. 이럴 때 조급해서 실수를 덮어둔 채, 문제 해결을 미뤄둔 채 다음 단계로 나아가기도 합니다. 일의 진도, 속도도 중요하니까요. 그러나 대충 넘어가면 그동안의 노력은 모래 위에 쌓은 성이 됩니다. 어느 순간 무너져버

리겠죠.

인간관계도 마찬가지예요. 자신도 모르게 누군가에게 상처를 주기도 하죠. 그런 일이 있다면 사과를 하고 설명을 해서 상대의 오해를 풀어줘야 해요. "아, 귀찮아. 난 몰라" 하면서 무시하고 넘어가면 그 관계는 머지않아 끝나겠죠? 인간관계를 가볍게 하는 사람의 결과는 안 봐도 뻔합니다. 살아가면서 중간중간 맞춰야 하는 퍼즐 조각들은 그래서 소중합니다.

실수를 인정하고 수정하는 과정이 있어야 결과가 아름답습니다. 학생 때는 정해진 답을 구하는 공부를 주로 합니다. 힘든 상황들은 그 후에 발생합니다. 학교 공부를 전부 끝마치고 사회로 나오는 순간 결과를 위해 달려야 하니까요. 그동안 학습 과정에서 갈고닦은 관찰력, 분석력, 판단력으로 최선의 결과를 내야 합니다.

우리는 식당 주방에서 누가 요리하는지에 대해서는 관심이 없습니다. 그저 맛있는 음식이 나오는 것에만 관심이 있습니다. 사회의 평가도 그렇습니다. 개개인은 결과로 인정받습니다. 혹독하죠. 어떤 과정으로 업무를 진행했는가는 중요하지 않아요. 밤을 새우며 했느냐, 한 시간 만에 뚝딱 해치웠느냐도 묻지 않아요.

그러나 좋은 결과를 내려면 과정에 충실해야 합니다.

과정은 잘 보이지 않지만 좋은 결과는 과정이 탄탄했음을 증거합니다. 미국 대통령 링컨은 이렇게 말했습니다.

"나에게 나무를 자를 여섯 시간을 준다면, 나는 먼저 도끼를 날카롭게 하는 데에 네 시간을 쓰겠다."

링컨도 최선의 결과를 얻으려면 도끼날을 잘 벼리는 게 중요하다고 생각한 거죠. 과정을 충분히 고민한 사람들은 효율성이 좋아요.

몇 년째 준비만 하고 있지 않나요?

그런데요. 사람들의 생각과 달리 중요도를 따졌을 때 제일 필요 없는 것은 준비 단계와 사전 공부입니다. 무슨 말이냐고요? 실제로 도전해서 실수도 해보고 무엇이 단점이고 무엇이 부족한지를 파악해야 하는데 매번 준비만 하고 공부만 하는 사람들이 있습니다. 정말 수년 동안요.

사업을 한번 해보라고 권하면 이런저런 정보만 찾아댑니다. 사업은 자본과 적당한 운과 실행력만 있어도 가능한데 말입니다. 자신이 없으니 자꾸 다른 핑계를 찾는 거죠. 이를테면 다음과 같은 말들입니다.

"난 좀 더 준비를 해야 해."

"투자하기에는 좀 위험해 보여."

"요즘은 시장 상황이 좋지 않아서 안 되겠어."

"지금은 너무 바빠. 이 일 끝나면 시작하려고."

아, 물론 아는 것이 힘이긴 합니다. 그런데 요즘 사람들은 지식이 너무 넘쳐나요. 배워야 할 과정도 단계도 참 많죠. 그러나 그렇게 배우고 나서 직접 활용하는 사람들은 얼마나 될까요?

최근 크게 성공한 유튜버, BJ를 예로 들어봅시다. 그들이 언제 준비하고 시작했나요. 무작정 나도 한번 해볼까 하고 따라 했다가 소위 대박이 난 거죠. 중간에 실수가 있으면 수정하고 그때그때 맞춰가며 기회를 움켜쥔 겁니다. 디지털 라이프라는 새 판을 적극 받아들인 실행력이 쌓이고 쌓여 자신의 실력이 된 셈이죠.

이것저것 재고 따질 게 아니라 일단 시작해야 합니다. 준비를 많이 하고 공부를 철저히 했다고 해서 과정이 수월해지는 것은 아닙니다. 노력하고 고생하는 과정을 짧게 줄이고 빨리 목표를 달성할 수 있는 방법 같은 건 이 세상에 없습니다.

과정은 어떤 결과에 도달하기 위한 점진적 변화 또는 단계적인 절차를 의미합니다. 실수나 실패도 포함됩니다. 그런데 한국 사회에서는 이 과정을 쉽게 생각하는 경향이 있는 것 같습니다. 목표만 달성하면 성공한 사람으로 여기는 사회 분위기 때문입니다. 오죽하면 "모로 가도 서울만 가면 된다"라는 속담이 있을까요.

과정을 단축하는 게 실력인 것 같죠? 맞는 말이기도 하지만 모두에게 그렇지는 않습니다. 사람마다 이해하고 받아들여서 익숙해지는 시간이 다르거든요. 어린 시절 배운 각양각색의 젓가락질을 보세요. 이해가 가시죠?

이런 프로세스를 빨리 알고 사회생활에 적응했다면 어떤 일이든 잘해나가고 있을 겁니다. 그걸 철들었다고 표현하는 분들도 있어요. 그런데 과정을 제대로 연습했다고 해서 모두 발전으로 이어지는 건 또 아니에요. 잘 풀리는 건 운의 영역이 꽤 크거든요. 단계를 뛰어넘어 상승하려면 최상급 운을 만나야 합니다.

책임은 지기 싫고, 잘되고는 싶고

최상급 운을 지닌 분들은 선택의 기로에 섰을 때도 본능적으로 기가 막힌 선택을 합니다. 놀라울 정도로요. 이러한 판단력은 실행 과정을 삶의 통찰로 연결한 능력이라고밖에 볼 수 없어요. 이런 사람들은 좋은 운이 오면 한 단계 훌쩍 뛰어오를 자세부터 취합니다. 동시에 그에 따른 '책임'도 감당하지요.

소위 'X줄 타는 상황'은 그만큼 책임질 게 많은 상황이라는 뜻입니다. 엄청나게 긴장이 되지요. 과정을 제대로 밟은 사람들은 이때 엄청난 능력을 발휘합니다. '천재성'을 드러내기도 하고요. 책임감이 실력과 본능을 자극하기 때문이지요.

책임 없는 삶은 뇌를 지루하게 합니다. 뇌가 미쳐 날뛰면서 본능과 충돌하고 엔도르핀을 분출시켜 효율성을 높이는 몰입 상태를 절대로 경험할 수 없어요. 책임을 실천하는 사람들을 절대로 이길 수 없습니다.

책임을 지지 않으려는 사람들은 핑계 뒤에 숨고, 그러면서도 잘되기를 바랍니다. 잘 안 풀리면 운을 탓하면서 가장 쉬운 길이 뭐냐고 묻습니다. 도전하지도 않을 거면서 말입니다. 속된 말로 책임은 지기 싫고, 잘되고는 싶은 거지요.

마치 로또는 사지 않으면서 혹은 딱 한 번만 사면서 당첨되길 바라는 삶입니다. 이 핑계 저 핑계 대면서 절대 집을 사지 않고 전세로만 살다가 집값이 오르면 무지 억울해하는 사람들입니다. 오히려 집값이 오르든 떨어지든 아무 관심 없이 "에잇, 집은 한 채 있어야 해!" 하면서 매수하신 분들은 생각지도 못한 수익을 봅니다.

수년 동안 부동산 공부만 하고 실행은 안 하는 분들, 쿠킹클래스에서 실컷 배우고 빵 한 번 굽지 않는 분들도 마찬가지예요. 도전할 생각이 없다는 건 책임질 생각이 없다는 것과 같아요. 안타깝지만 이런 분들은 평생 그 상황에 머물러 있을 수밖에 없습니다.

실행하고 그에 따른 책임을 기꺼이 지겠다는 마음은 운의 흐름을 바꿉니다. 좋은 결과로 이어지죠. 우리가 매일 긴장하며 사는 것은 책임감 때문입니다. 그리고 이 책임감이 뇌의 기능을 극대화합니다. 책임을 완수하기 위해 집중력을 발휘하니까요.

책임지는 삶을 회피한다면 결코 좋은 결과가 나오지 않습니다. 특히 운이 나쁜데 머리가 좋은 사람들이 책임을 지지 않으려고 하는데요. 그런 분들은 나중에 꼭 이렇게 이야기합니다.

"내가 잘해서 회사가 잘됐다. 사장은 매일 논다."

이분들은 핵심을 모르고 있습니다. 사장에게 중요한 건 매일 일하는 모습이 아니라, 책임을 지는 모습입니다. 책임지는 행동은 실제로 운 좋은 사람들의 공통분모입니다.

이걸 반대로 얘기해볼까요? 운이 나쁜 사람들은 책임을 지지 않습니다. 그런데 일이 잘되면 자기가 한 것처럼 이야기하죠. 사회생활 해보면 이런 사람들을 많이 보게 됩니다.

그래서 우리는 처음부터 책임 지는 리더의 모습으로 일하는 것이 중요합니다. 그런 자세가 쌓이고 쌓여 나중에 '극한의 운'을 발휘할 수 있는 토양이 되기 때문입니다.

도전한다는 것은 곧 책임지겠다는 뜻인데요. 그러니 도전하지 않는 분들은 결과가 있기를 기대하지 마세요. 그런 상황은 절대로 일어나지 않을 테니까요.

저도 도전을 결심한 후 '아, 모르겠다' 하면서 도망가고 싶은 심정일 때가 있습니다. 하지만 그 과정을 거치면서 문제의 실마리를 찾고 조금씩 깨닫습니다. 이런 시간들이 저를 돕고 있다는 것을요. 물론 그렇다고 모든 게 다 속 시원하게 풀리는 건 아닙니다. 해결하지 못한 것들도 많죠! 하지만 또 도전해야죠!

어느 순간 베팅을 하고 누군가에게 실력을 보여주면서 속도를 올릴 때 우리는 신의 영역에 도전할지도 모릅니다. 두려워도 결과에 대한 책임을 지고 내일의 나를 위해 도전하십시오. 상대와의 경쟁은 중요하지 않습니다. 자신과의 싸움을 시작해보십시오.

과거가 아닌,
미래를 향하는 법

자아실현 욕구 충족하기

상담받으러 온 사람들을 만나 대화를 하다 보면 각각의 성향들이 느껴집니다. 또 그 성향 안에서 유별나게 드러나는 욕구가 있게 마련이지요.

성장 욕구 vs. 결핍 욕구

앞에서 매슬로의 8단계 욕구단계론에 대해 말씀드렸었는데요. 제가 거기에 '위치상 행동패턴'을 더해보았습니다. 23년간 만나서 상담한 사람들을 분석하여 정리해본

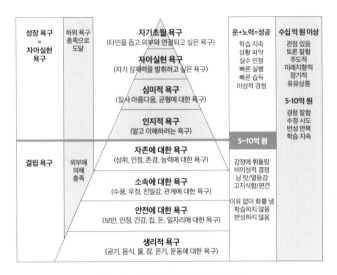

성장 욕구 = 자아실현 욕구	하위 욕구 충족으로 도달	**자기초월 욕구** (타인을 돕고 외부와 연결되고 싶은 욕구)	운+노력=성공 학습 지속 상황 파악 실수 인정 빠른 실행 빠른 습득 이성적 경청	**수십억 원 이상** 관점 있음 토론 잘함 주도적 미래지향적 장기적 유유상종
		자아실현 욕구 (자기 잠재력을 발휘하고 싶은 욕구)		
		심미적 욕구 (질서 아름다움, 균형에 대한 욕구)		**5-10억 원** 경청 잘함 수정 시도 반성 반복 학습 지속
		인지적 욕구 (알고 이해하려는 욕구)		
			5~10억 원	
결핍 욕구	외부에 의해 충족	**자존에 대한 욕구** (성취, 인정, 존경, 능력에 대한 욕구)	감정에 휘둘림 비이성적 결정 남 탓/열등감 고지식함/편견	
		소속에 대한 욕구 (수용, 우정, 친밀감, 관계에 대한 욕구)		
		안전에 대한 욕구 (보안, 안정, 건강, 집, 돈, 일자리에 대한 욕구)	이유 없이 화를 냄 학습하지 않음 반성하지 않음	
		생리적 욕구 (공기, 음식, 물, 잠, 온기, 운동에 대한 욕구)		

● 매슬로의 8단계 욕구단계론과 위치상 행동패턴 ●

것이니 그 점 참고해서 봐주시면 됩니다.

　매슬로의 욕구단계론을 기준으로 제게 상담을 받으신 분들을 크게 두 가지 유형으로 나눠봤습니다.

　첫 번째 유형은 자기 감정이나 판단이 중요한 분들이에요. 예를 들면 개인의 행복, 자존감, 만족, 결핍 욕구에 관련된 문제에 관심이 많습니다. 남들과 비교도 잘하고, 자신의 현재 위치, 연봉, 사회적 명함이 중요한 분들입니다.

　두 번째 유형은 미래에 관심이 많습니다. 자기가 세운

계획이 현실성이 있는지 꼼꼼히 따져보면서 살죠. 항상 다음 스텝을 고민합니다. 8단계 욕구단계론으로 설명하면 기본욕구를 모두 채우고 난 다음의 인간적 삶을 고민하는 분들입니다.

이렇게 유형을 나누면 제가 어떤 방식으로 상담을 해드리는 것이 당사자에게 유익할지 가닥이 잡힙니다. 아무리 좋은 조언을 해드려도 관심이 없으면 귀에 들리지 않으니까요.

당신을 움직이는 욕구는 무엇입니까

좀 더 고차원적 자아실현 욕구를 자극하면 첫 번째 유형의 사람들은 그 의미를 모르고 "내가 뭐가 문제인 것 같아요?"라는 질문만 반복합니다. 아, 저도 힘들 때가 있답니다. 이럴 때는 두 번째 유형의 손님만 선택해서 상담하고 싶어요.

첫 번째 유형의 사람들 고민을 듣다 보면 정말 지루해요. 주로 단순한 생로병사 이야기만 해서요. 당사자야 처음 겪는 일들이 난감하겠지만 인생사 들여다보면 같은 패턴으로 기승전결이 다 정해져 있습니다. 그걸 아직 모르시는 거지요. 이런 분들은 재산이 많지 않을 가능성이 농후합니다. 혹여 남부럽지 않을 만큼의 재산이 있다 해도 자기가 마련한 것이 아닐 거예요. 잠재력을 확인해본 적도 없고 자아실현 욕구를 제대로 느껴보지 못하신 거지요. 이런 분들과의 대화는 흥이 나질 않아요. 예를 들면 이런 식입니다.

"재테크 꼭 해야 하나요? 저는 승진이 더 궁금해요."

"일을 꼭 해야 하나요? 그냥 대학원에 갈까 싶은데요."

"저희 남편은 욕심이 없어서요."

그러나 미래에 관심이 많은 분들과 상담을 하면 재미있습니다. 서로 머리를 맞대고 이런저런 계획을 짜보거든요. 그분이 잘되는 모습이 그려지기도 합니다. 시간 가는 줄 모르고 대화를 나눌 때가 많습니다. 물 만난 물고기처럼 엄청나게 많은 이야기를 쏟아놓죠. 앞으로 나아가는 일에 주저함이 없고 판단도 빠릅니다.

사회적으로 직책과 지위가 있을수록 자기객관화가 잘되어 있습니다. 자기 레벨링을 명확히 합니다. 물론 자기 한계와 능력도 잘 알고요. 그래서 명함은 그 사람의 인생 정보를 어느 정도 담고 있다고 볼 수 있습니다. 예를 들어 연봉이 1억 원이 넘어가면 자기 위치를 제대로 인식합니다. 요즘에는 연봉 1억 5,000만~2억 원 정도는 되어야 자아실현 욕구에 관심이 많은 것 같습니다.

누군가와 만났을 때 대화 내용은 상대를 파악할 수 있게 해줍니다. 상대가 추구하는 게 뭔지 짐작할 수 있는 가장 쉬운 방법이죠. 대화 내용이 기본욕구에 관한 것들로 채워져 있다면 아직 그 욕구들을 충족하지 못한 상태입니다.

저는 하루를 마칠 때 제 머릿속을 가득 채웠던 것들을 하나하나 들여다봅니다. 오늘 크림빵과 케이크를 먹었나? 탄수화물과 불량식품 섭취는? 게임은 얼마나 했나? 하루 종일 SNS 들여다보느라 공부를 소홀히 하지는 않았나? 이런저런 감정들 때문에 너무 에너지를 뺏기지 않았나? 등등을 체크해봅니다.

또 한편으로는 오늘 할 일을 제대로 다 끝냈나? 해결하지 못한 일은 없나? 푸시업과 스쾃은 몇 개나 했나? 섭취한 단백질의 총량은? 연구 주제는 결론이 났나? 내일 해야 할 일의 순서를 정했나? 등등을 정리합니다.

그러면 하루를 기분 내키는 대로 지냈는지, 아니면 계획대로 실천하면서 보냈는지를 알 수 있어요. 목표도 중요하지만 생리적 욕구도 중요하죠. 한쪽에만 집중하면 금세 지칩니다. 에너지가 따라주질 않거든요. 균형을 찾으려면 둘다 조화롭게 돌봐야 합니다.

당신이 30대 후반이라면 달라야 합니다

인생이 조화로워야 스트레스가 없고 행복합니다. 제가 "아, 오늘은 아무것도 한 게 없는 거 같아"라고 했다면 자아실현 욕구를 충족하지 못한 겁니다. 상담이야 하루 종일 했죠. 그러나 상담은 쭉 해오던 일이지요. 그다음 스텝을 위해 준비한 게 없다는 의미입니다. 그런 날은 잠자리에 들 때 허전함이 밀려옵니다.

설마 출퇴근을 마치고 오늘 할 일을 다 했다고 생각하시는 분은 없겠죠? 세상에 태어나면 누구나 그 정도의 밥벌이는 기본으로 해야 합니다. 위기이든 기회이든 누구에게나 인생의 변곡점이 있습니다. 이때 홈런을 치려면 사회적인 기본 활동에 다음 스텝을 위한 계획을 세워놔야 합니다. 그리고 매일매일 하나씩 해결해야 해요. 이런 실천의 총합이 레벨업의 기회를 만들어주기 때문이죠.

오늘 해야 할 일을 미루고 내일도 미루면서 1년을 그렇게 흘려보내는 사람들이 있습니다. 예를 들어 씨앗을 심어놓고 매일 돌보며 기다린 사람과 아무 준비 없이 시간을 흘려보낸 사람이 있다고 가정해봅시다. 둘 중 누구의 결과가 좋을까요.

하루의 실천은 별것 아닌 듯 보일 수 있습니다. 하지만

돈과 운의 법칙 (2) : 파도에 올라타기

그 하루하루가 쌓이면 엄청난 성과로 돌아옵니다. 물론 20~30대에는 기본욕구에 더 목말라하죠. 그러나 30대 중후반부터 50대 이전까지는 자아실현 욕구를 실현할 수 있는 기반을 마련해야 합니다.

이 글을 읽는 독자분이 만약 30대 후반이라면 자신의 감정 변화를 잘 살피고 위로하면서 자기통제력을 키워나가야 합니다. 통제력이 발휘되는 순간 자신감이 생기고 자신감은 자기효능감으로 이어집니다. 자기관리의 정석이라 할 수 있습니다.

50대 중반 이후부터는 자아실현 욕구가 이뤄진 상태에서 다시 기본욕구에 집중하는 제2라운드가 시작됩니다. 이건 이 나이대가 되면 안다고 합니다.

건강관리의 중요성은 아무리 강조해도 지나치지 않겠지요. 제 경우를 말씀드리면 일할 때는 탄수화물과 당류 섭취를 자제합니다. 오후 3시 이전에 먹으면 집중력이 현저히 떨어지더군요. 특히 집중해야 할 일이 있으면 절대 먹지 않아요.

오늘도 열심히 자아실현 욕구를 해결한 뒤 다시 기본욕구를 즐기며 하루를 마감하기를 기원합니다. 그리고 잠들기 전에 종일 분주하게 움직였던 몸을 잘 풀어주고 오늘 하루도 고생 많았다고, 잘했다고 자신을 칭찬해주세요.

2023년은 '봄'의 해입니다

운이 올 때 씨앗을 뿌려야 하는 이유

여러분은 인생 계획을 어떻게 세우고 계신가요? "그냥 흘러가는 대로 살면 되지 무슨 계획씩이나?" 하는 분들도 있을 거예요. 그러나 계획을 꼭 세워야 하는 특별한 시기도 있답니다. 바로 '운이 좋을 때'입니다.

겨울이 끝났습니다, 다시 봄이 오고 있습니다

운이란 것은요. 받아 안을 준비를 하지 않으면 그대로

달아나버릴 수 있습니다. 그래서 도움이 될 만한 말씀을 드려볼까 합니다. 모두가 같은 상황은 아니겠지만 아래와 같은 고민을 갖고 계신 분들은 조금이라도 참고가 될 거예요. 제가 2022년에 손님들로부터 많이 받은 질문 중 하나입니다.

"제가 뭐, 뭐, 뭐를 해보려고 하는데 어떨까요?"

"제가 이걸 시작해보려고 하는데 잘될까요?"

"제가 이번에 이동을 하는데 진로가 괜찮은가요?"

이런 질문이 연애 고민보다 훨씬 많습니다. 아마 이 글을 읽으시는 분들도 "어? 내 고민하고 똑같네?"하며 공감하는 분들이 꽤 있을 거예요

자·축·인·묘·진·사·오·미·신·유·술·해. 여러분들도 들어본 적 있죠? 바로 12지지입니다. 12지지는 차례로 쥐·소·호랑이·토끼·용·뱀·말·양·원숭이·닭·개·돼지의 동물을 의미합니다.

계절을 나타내기도 합니다. 봄, 여름, 가을, 겨울 이렇게요. 인묘진은 나무(木)이며 봄, 사오미는 불(火)이며 여름, 신유술은 쇠(金)이며 가을, 해자축은 물(水)이며 겨울입니다. 이 사계절에서 토(土) 기운인 진미술축(辰未戌丑)은 앞의 계절과 뒤의 계절을 이어주는 역할을 합니다. 신축년이었던 2021년에 겨울이 끝나 2022년, 2023년, 2024년은

다시 봄이 됩니다. 각 연도를 월로 표현하면 다음과 같습니다.

- 2022년 = 2월
- 2023년 = 3월
- 2024년 = 4월
- 2025년 = 5월

이걸 기준으로 생각해봅시다. 사람들은 목표를 정하면 눈에 띄는 결과가 나오길 기대하죠. 그런데 자연은 어떤가요? 계절이 바뀔 때를 보세요. 아주 천천히 조금씩 변합니다. 새벽의 싸늘한 공기로 겨울이 서서히 다가옴을 알려줍니다.

봄도 마찬가지예요. 2, 3월에 봄이 느껴지지는 않죠. 봄이라고 생각하고 반소매 옷 입고 밖에 나가면 덜덜 떨겠지요. 하지만 계절의 기운으로는 봄이 맞습니다. 4월 정도 되면 슬슬 두꺼운 옷이 덥게 느껴지죠. 그리고 어린이날을 기점으로 진짜 봄이 왔음을 느낍니다. 우리는 5월도 봄이라고 생각하지만 계절의 기운으로 여름의 시작입니다.

쉬지 마세요, 배우고 실행하고 달리세요

이렇게 기운이 먼저 다가오고 사람은 천천히 느낍니다. 우리가 2, 3월에 봄옷을 미리 사놓듯이 2022년, 2023년은 봄을 맞이하는 2, 3월에 해당하기 때문에 씨앗을 뿌려놔야 합니다. 저도 2021년부터 지금까지 많은 도전과 삽질을 하고 있습니다. 그럼 결과는 언제 볼 수 있을까요?

2024년, 2025년이 되면 확 드러날 겁니다. 그래서 지금의 삽질이 엄청 중요합니다. 내년에도 삽질을 해야 하는 시기입니다. 잘하는 짓인지 모르겠다 싶어도 이것도 배워보고, 저것도 해보고, 목표를 정하고 계획도 많이 세워보세요.

"한 번에 잘 선택해야지!" 하는 생각은 버려야 하는 시기입니다. 남들 씨 뿌릴 때 같이 뿌려보세요. 뿌린 씨가 죽지 않고 싹으로 올라올지는 시간이 지나봐야 알겠지요. 그래서 불완전하더라도 도전을 계속해야 합니다. 저도 지금 도전과 삽질을 열심히 하고 있지만 제 목표가 얼마나 성공 가능성이 있을지는 솔직히 모릅니다.

결과는 무엇으로든 세상이 알려줄 겁니다. 2023년은 봄의 기운을 가지고 있습니다. 그러니 밭을 갈고 씨를 뿌리는 심정으로 닥치는 대로 도전해보세요. 새로운 무엇인가를 시작하기에 좋은 시기입니다.

"아주 잘됐어, 좋았어!" 이런 느낌을 받으려면 2024년, 2025년은 되어야 합니다. 이때가 싹이 올라와 자라기 시작하는 시기이거든요. 방향을 제대로 잡은 건지도 알게 될 겁니다. 그러니 일단 시도를 해봐야겠죠?

그리고 이때 성공 가능성이 있는 목표와 진행하기 불투명한 계획을 분류한 뒤 효율성에 집중하면 더욱 좋습니다.

2023년은 씨앗을 뿌려야 하는 해입니다

여기서 이런 환경의 변화를 받아들이는 자세에 따라 상담받는 분들을 두 유형으로 나눠 설명해드리겠습니다.

1. 아무 생각 없이 작년과 똑같이 살고 있다. 새로운 인연도 없다.
2. 새로운 일을 해보려고 하는데 막막하다. 새로운 인연을 많이 만났다.

1번 유형은 말 그대로 아무 생각이 없는 분들입니다. 2번 유형은 현재 운의 흐름대로 운전을 하는 분들이죠. 여러 개의 씨앗을 던져놨는데 이 중 무엇이 살아남아 싹이 될지는 4, 5월에 해당하는 2024년, 2025년이 되어봐야 알수 있습니다. 볍씨를 발아시켜 키운 모로 모내기하는 시기도 5월입니다. 그와 같은 농부의 마음으로 2023년에 씨앗을 뿌려 2024년과 2025년에 성장을 한다면 2026년과 2027년에는 꽃이 피고 과실이 열리겠지요? 원하는 결과를 얻을 수 있을 겁니다.

대자연의 시간 흐름에 따라 인생을 살고 싶을 때는 이게 가장 쉬운 방법입니다. 연도에 따른 사계절을 계산해보시면 됩니다. 이런 흐름에 신경 쓰지 않는 분도 있겠지만 가끔 해보시길 바랍니다. 자연의 법칙에 순응해야 할 때가 있습니다. 이렇게 하면 2년 거치 3-4년 계획이 자연 이치에 맞게 간단하게 잡힙니다.

그런데 주의할 것은요. 2월과 3월에 씨앗을 뿌리면 꽃샘추위도 버텨내야 한다는 사실입니다. 그래서 2022년과 2023년은 숙명의 기간입니다. 봄의 따뜻한 기운을 제대로 느끼려면 적어도 2024년 가을은 되어야 합니다.

혹시 지난해 2022년 상반기를 거치면서 뭔가 싱숭생숭 마음이 들뜬 분 없나요? 새로운 흐름의 기운을 맞이할 때 느끼는 현상입니다. 그런 엄청난 기운을 느꼈으니 이제 제대로 "파이팅!" 하고 도전해봐야겠지요?

돈과 운의 법칙 ③
흐름 바꾸기

"누구나 부의 트랙에 올라설 수 있습니다"

어느 날 문득 깨달음을 얻었습니다.
'움직여야 운이 들어온다'는 것을요.
내가 원하는 방향으로 실행해야 운도 따라와주는 것이죠.

부의 트랙에
어떻게 올라설 것인가

회사원 그리고 사업가

세상이 하루가 다르게 변하고 있습니다. 매일이 혁명인 시대에 발 빠르게 대처하려면 끊임없이 배우고 노력해야 합니다. 요즘에는 이런 자세가 바로 능력입니다.

저를 찾아온 손님의 질문 내용을 듣다 보면 그분의 재력이 짐작됩니다. 말하는 태도에서부터 벌써 드러납니다. 배우고 노력하지 않으면 사고가 고리타분해지거든요. 그런 사람에게 돈이 따라올 리 없습니다.

트랙(1): 투자를 제2의 직업으로 삼기

사실 자신의 능력은 '사람들이 인정해주느냐 인정해주지 않느냐'에 따라 결론이 납니다. 그런데 마치 자신이 스스로의 능력을 판단할 수 있는 것처럼 생각합니다. 내가 원하는 대로 잘 안 풀린다는 것은 아직 실력이 한참 모자란다는 의미입니다. "네가 뭔데 날 판단해?"라고 짜증을 내도 어쩔 수 없습니다.

아무리 실력이 좋아도 개인마다 부족한 영역이 있기 마련입니다. 자본주의의 피라미드를 차근차근 올라가려면 이런 부분을 반드시 해결하고 넘어가야 합니다. 성공한 투자자나 사업가들이 20대에 영업사원으로 첫발을 내딛는 것은 상당히 의미심장합니다. 워런 버핏에 비견되는 헤지펀드의 대부 조지 소로스도 20대에 마트 영업사원으로 일했다죠.

자본주의 사회에서 부의 계단은 회사원, 사업가, 자본가로 올라갑니다. 그런데 계단이 하나 더 생겼습니다. 바로 투자자죠. 이제는 투자자를 새로운 직업으로 인정하는 시대로 바뀌었습니다.

회사원 생활을 하면서 투자를 제2직업으로 겸하는 분들이 점점 늘고 있다고 합니다. 특히 코로나19 팬데믹을 겪으면서 경제적 타격을 받은 2030세대들에게 더 뚜렷한 현상이 되었습니다. 주식을 공부하면서 조금씩 투자를 하다가 아예 전업으로 삼은 사람도 있습니다.

그래서 저는 투자를 해보겠다는 분들에게 현재의 영역(회사원이든, 자영업자이든, 사업가이든)과 투자 가능 여부를 살펴서 조언을 해드립니다. 시대의 변화를 적극 반영한 상담이죠. 제가 상담을 할 때 단순하게 어떤 직업이 낫다고 말씀드리지 않는 이유를 이제 어느 정도 짐작하셨으리라 생각합니다.

트랙② : 회사원에서 사업가로 성장하기

앞에서 능력치에 따른 6단계 계급구조(자본가, 사업가, 자영업자, 회사원이자 투자자, 회사원, 무직자)에 대해 잠깐 얘기했었는데요. 여기서 회사원들을 상담하다 보면 참 안타까울 때가 꽤 있습니다.

예를 들어 어떤 기업의 영업직 말단 사원으로 입사했다고 가정해보겠습니다. 업무 능력을 인정받아 직급이 올라갔어요. 부장까지 진급하면 그다음엔 임원 자리를 바라보겠죠. 피라미드 구조 안에서 피나는 노력으로 실력을 키워야 윗자리를 차지합니다.

엄청난 경쟁률을 뚫고 임원이 된 사람들은 혹독한 담금질을 거쳐왔기에 출중한 능력을 자랑합니다. 회사 내에서 이 정도 위치에까지 올라간 사람들은 대부분 자영업이나 사업 쪽으로도 운이 많습니다. 제가 안타까워서 이 사실을 슬쩍 알려드리면 대부분 "에이~" 하고 손사래를 칩니다. "내가 무슨 사업입니까"라고 말하시죠.

그러면 그분들께 삼성 이재용 회장 이야기를 합니다. 이재용 회장과 SK 최태원 회장이 치킨 사업을 하면 못하겠냐고요. 다들 빙그레 웃습니다. 못할 거 같지는 않은 거죠. 맞습니다. 하나의 분야에서 탁월한 성과를 발휘한 사람들은 다른 일에 있어서도 두려움이 없습니다.

이처럼 한 가지 업에서 큰 능력에까지 도달했다는 것은 그 외 업에서도 탁월함을 발휘할 수 있다는 얘기입니다. 그런데 본인들이 행하지 않아서 그 좋은 운이 세상에 펼쳐지지 않고 있으니, 아쉬울 뿐이죠.

제가 이 책에서 여러 번 언급합니다만, 본인이 한 회사를 오랫동안 다니며 능력을 인정받고 있다면 한번 진지하게 생각해보시기 바랍니다. 내가 자의에 의해 회사원으로 머물러 있는 것인지를요.

트랙(3) : 바로 사업가로 점프하기

사람들의 행복지수를 결정하는 데에 돈만큼 중요한 요소가 있습니다. 바로 시간 자결권입니다. 사람들은 시간 자결권, 즉 자기 시간을 스스로 결정하는 권한만큼은 결코 포기하고 싶지 않을 겁니다. 특히 요즘 사람들이 그렇습니다. 저는 여기에 사람 자결권을 포함하고 싶습니다. 만나는 사람을 스스로 정하는 권한인 거죠. 겪어본 분들은 아시겠지만 만나는 사람을 정할 수 있다는 건 대단한 혜택이자 자유이자 권한입니다.

이런 점을 최대한 취할 수 있는 사람은 아무래도 자본가, 사업가 쪽일 텐데요. 당장 자본가는 닿을 수 없는 존재이니 사업가를 꿈꾸게 될 겁니다. 그런 이유로 아직 준비가 안 된 분들이 당장 사업에 뛰어들고 싶어하는 경우가 종종 있습니다.

상담을 하다 보면 자신이 원하는 것과 자신의 실제 위치 사이에 간극이 큰 경우가 많죠. 이렇게들 질문을 해오십니다.

"제가 투자금을 받아서 이런 사업을 하고 싶은데 성공할까요?"

"커피숍 하나 프랜차이즈로 내려고 하는데 어떨 것 같

으세요?"

제가 냉정하게 말씀드릴 때가 있습니다.

"손님은 아직 이 정도 상태입니다. 그런 일은 아직 이릅니다."

그리고 더 냉정한 충고를 하기도 합니다. 밑바닥 일부터 배우라고요. 남들이 인정해줘야 원하는 위치에 오를 수 있고 능력도 키우는 건데 무조건 "저는 무슨 일이 맞아요?"라고 물으면 "당신에게 맞는 직업이 있으면 뭐해요, 상대가 안 써줄 텐데요"라고 말합니다.

그런데 세상이 바뀌었습니다. 바닥부터 다지는 과정을 거치지 않고 바로 사업가로 점프하는 사람들이 생겨나기 시작합니다. 운이 좋아지는 구간에서 빠른 속도로 자리 이동을 합니다. 인기 BJ 등 유튜버들이 좋은 사례입니다. 취미로 시작했던 방송이 대박을 터뜨린 거죠. 사적 영역의 취미 활동이 어느 날부터 갑자기 돈벌이가 됩니다. 게임, 특정 브랜드 상품 모으기 등을 심심풀이로 올렸던 영상이 요즘 같은 시대를 만나 레벨업이 된 거죠. 집중해왔던 영역이 운을 만나면 이렇게 수면 위로 드러납니다. 당사자들조차 상상하지 못한 결과일 겁니다.

오늘날은 이분들처럼 특정 영역에서 10년 이상 도(?)를 닦으면 자영업자로 발전할 수 있는 시대입니다. 사회적 수준이 이들을 받아줄 수 있는 토양이 된 거죠. 그렇다고 좋은 운이 끝없이 이어지지는 않아요. 한 번, 1년 정도는 잘 나갑니다. 그다음을 견뎌내지 못하면 어느 순간 사람들의 시야에서 사라집니다.

오래 인기를 유지하는 분들은 자신의 활동을 자영업, 사업으로 확장하기 위해 밤을 새며 노력했을 겁니다. 그렇게 몇 년의 성과들이 쌓이고 3년에서 5년 정도 잘 버티면 자리가 탄탄해집니다. 노력과 운이 더해진 결실이지요.

트랙④ : '나의 노력'과 '시대의 운'이 만날 때

누구나 인생에서 몇 번의 기회를 맞이합니다. 그때를 대비해 준비를 해두고, 이때다 싶을 때 인생 트랙을 갈아타야 합니다. 또 좋은 운을 알아보려면 눈치가 있어야 합니다. 갑자기 일이 많이 들어오거나 노력한 만큼 보상과 인정을 받으면 운이 변하고 있다는 징조입니다. 이때는 24시간 더 열심히 움직여야 합니다.

이렇게 내가 걸어가는 방향에 세상이 적극적으로 응해줄 때 진로가 새롭게 발견됩니다. 배달의민족, 세탁특공대, 여기어때 등 스타트업 성공 사례를 보면 알 수 있죠. 사업이 잘되면 명예는 자동으로 따라옵니다. 오늘날은 명예가 있어서 돈이 따라오는 정3품 벼슬 시대가 아닙니다. 오히려 반대죠. 그러니 자본주의를 당신의 위치와 명예를 높여줄 도구로 활용해도 됩니다.

지금의 시대는 어떤 업태이든 도약할 기회가 많습니다. 동서고금의 역사에 없던 엄청난 특혜입니다. 게다가 아무 제약도 없습니다. 이런 시대에는 말입니다. 좋은 운이 왔다는 생각이 들면 바로 도전해야 합니다. 머뭇거릴 이유가 없습니다.

도전만큼 큰 경험은 없습니다. 부딪히고 깨져보는 시간입니다. 실수하면서 얻는 깨달음이야말로 다른 사람들과 큰 차이를 만들어냅니다. 아무 도전도 하지 않는 무기력한 인생에는 답이 없습니다.

이해진 네이버 창업자와 김범수 카카오 창업자가 삼성 SDS의 사내벤처 제도를 통해 사업을 시작한 건 알고 계시죠? 어쩌다가 이렇게 큰 도전을 하게 된 걸까요? 네, 그게 바로 그릇의 크기입니다. 회사를 다니다가 사업자 운이 왔고 바로 점프한 거죠. 그만한 능력자들이 왜 굳이 회사에 들어갔을까요? 그 과정을 순리라 여겼기 때문일 겁니다.

김택진 엔씨소프트 대표는 프로그래머 출신입니다. 사

엄하기 전에는 아래아한글도 공동 개발했죠. 순탄치 않은 일화들도 있습니다. 그러나 사회적으로 이런저런 일들을 겪으며 배워야 할 시기였다고 봅니다. 다양한 경험은 힘이 되어줍니다. 절대 헛되지 않습니다.

성공한 경영자들은 이렇게 자신만의 방법으로 공부하고 경험을 쌓았습니다. 한 계단 한 계단 올라간 사람도 있고 어느 날 갑자기 도약한 이도 있습니다. 언뜻 보면 차이가 있어 보이지만 좋은 운의 흐름을 흘려보내지 않고 성장과 발전의 기회로 삼았다는 공통점이 있습니다.

1등 운이 아니어도 괜찮아요

10등짜리 여러 개로 승부하기

"내가 왕이 될 상인가?"

영화 《관상》에 나오는 유명한 대사입니다. 이와 비슷하게 "내가 1등을 할 운인가?"라고 묻는 손님이 정말 많습니다. 그럴 리가요. 1등은 극소수의 이야기입니다. 그럼 어떻게 해야 할까요? 1등 운이 아닌 사람은 돈 버는 것도 포기해야 할까요?

1등 운만 돈을 벌 수 있는 건 아닙니다

사실 이런 고민은 저의 운 역시 2등 혹은 그 이하라는 체념에서 출발했습니다. 키도 작아, 공부도 못해, 수능 삼수도 모자라 운전면허시험까지 삼수를! 거기에 일반 보병으로 군 생활을 시작해 통신대에 차출되고 정보화병을 거쳐 다시 무전기병으로 삼세 번 변신! 그리고 고등학교 3학년 때부터 일본 음악과 프로그램 등을 CD로 구워 팔고, 나중엔 용산에서 컴퓨터 조립하는 아르바이트까지. 심지어 인천과 청도를 오가며 따이공(보따리장수) 일을 하다가 여기저기 막노동 일도 하고 피시방에서 컴퓨터 조립 일도 했죠. 코믹월드 이벤트 아르바이트를 하기도 했고, 아파트 모델하우스에서 의자 2천 개 까는 일도 했습니다. 뭔가 가지가지를 했죠? 아마 지금 시대였다면 쿠팡맨도 했을 것 같네요.

일하고 돈 버느라 대학 휴학을 밥 먹듯이 하고 서른 살에 겨우 졸업했습니다. 그러다가 운이 따라 그중에서 하나를 선택해 여기까지 왔어요. 저는 스물네 살까지 그렇게 이것저것 닥치는 대로 일하면서 돈을 벌었는데, 친구들과 비교해 못 번 적은 많지 않았던 듯합니다. 이유는 단순합니다. 온종일 저 자신을 갈아 넣어야 하는 고임금 아르바이트 위주로 일해서 그렇죠. 부산의 코믹월드에서는 36시간 연속 일하기도 했습니다. 그때는 돈 주면 무조건 갔습니다. 혼자 힘으로 먹고살아야 했으니까요.

저 역시 '나는 왜 1등 운이 아닌가'라는 고민을 숱하게 했기에 운이 좋지 않은 분들이 돈을 벌고 싶다고 하면 어떻게든 도와드리고 싶어 생각을 많이 해봤습니다. 그러다가 제가 정리한 방법은 두 가지입니다.

1. 1등과 경쟁하지 않는다.
2. 시대에 맞는 일을 한다.

예를 들어 연봉 2억 회사원이 많을까요, 연봉 3천 회사원이 많을까요? 네, 연봉 3천이 훨씬 많습니다. 연봉 3천인 분들이 2억을 벌기 위해서는 인생을 레벨업해서 연봉 2억 받는 사람들을 이기고 올라서야 합니다. 그것이 약육강식 사회에서 벌어지는 일이지요.

만약에 3천 연봉에 만족한 채 가만히 있으면 어떻게 될까요? 연봉 2억인 사람들은 신경도 쓰지 않을 겁니다. 그냥 '잘 먹고 잘 살아라' 그러겠죠. 그런데 연봉이 1억이 넘으면? 견제 대상이 되겠지요.

포인트는 이겁니다. 연봉 1억 이상의 경쟁력을 갖추지

못할 바에는 굳이 1등의 운을 가진 사람과 경쟁할 필요가 없습니다. 강한 운의 사람들과 싸우면 힘만 들고 원하는 결과는 얻기 어렵습니다. 그러니 눈을 낮춰서 여러 개의 무기로 세상과 싸우세요. 그게 1등 운을 갖지 못한 사람이 돈을 버는 방법입니다.

1등과 경쟁하지 않는다
: 남는 거 주워 먹기

요즘은 다직업 시대입니다. 낮에 회사에 갔다가, 저녁에는 비트코인 좀 보고, 스마트스토어에 주문 들어온 거 택배 싸고, 주말에는 공부해서 투자수익 높이고, 친구가 커피숍 하자고 해서 같이 돈 넣고 자리 봐서 시작하고, 프랜차이즈 박람회 가고. 어떠세요, 어디선가 많이 들어본 주변 사람들 이야기죠? 여러분이 무조건 1등이 되는 최강사주이거나 전문직이 아니라면 이런 식으로 우회하세요. 강한 운과 붙지 않아도 되는 수준에서 수익이 나는 것들을 두루두루 해보세요.

당신은 쓸모없는 사람이 아닙니다. 스스로의 쓸모를 세상에 노출하지 않았던 것이 문제입니다. 자신의 능력으로 뭐든 아르바이트를 하세요. 정규직 회사도 다니고요.

남들 다 하는 스마트스토어도 한번 해보는 거죠. 투자모임 나가서 다른 사람들 이야기도 들어보고요. 그러면 월급 300에, 아르바이트 6~10건 해서 약 50만 원, 스마트스토어로 50만 원. 이렇게 모은 돈으로 소규모 점주도 해보시고요. 대략 월 목표 100만 원으로 잡아서요. 합치면 월 500만 원입니다. 전 20대를 이렇게 살았습니다.

저는 정규직을 못 해봤습니다. 스펙이 안 돼서. 본업이 부실하니 아르바이트는 기본이었고 쉬어본 날이 별로 없어요. 그런데 합치니 저 정도 금액이 되었습니다. 이렇게 우회해서 여러 가지 일을 하면 '앗, 이놈은 너무 클 것 같으니 견제해야겠어!' 하는 세상의 뽕망치 맞을 일도 없습니다. 1등과 경쟁하는 것이 아니죠. '남는 거 주워 먹기' 같은 느낌입니다. 그래서 모두가 이해해줍니다. 오히려 도와줍니다.

제가 바라시(건설 현장에서의 해체 작업) 아르바이트도 했는데, 그 일을 조금만 더 길게 했으면 분명히 미장도 배웠을 겁니다. 베테랑 아저씨들 보기에 제가 워낙 일을 못하니 이것저것 잘 가르쳐줬거든요. 그럴 땐 열심히 배우세요. 성실함과 인사만으로도 세상 일을 배울 수 있습니다.

다만 그렇게 하루도 안 쉬는 남자를 만난 전 여자친구에게는 지금도 엄청 미안합니다. 20대 때 여자친구에게 생일선물로 뭘 해줄까 물으니 "오빠가 온전히 나만 바라보는 이틀을 가지고 싶다"라고 답하더군요. 창피합니다. 지금도 생각하면 미안합니다.

다직업으로 돈을 좀 모았다면 그다음에는 아르바이트를 조금씩 줄이고 자본가의 삶을 향해 조금씩 나아갑니다. 여기에도 포인트가 있습니다. 서서히 몸의 노동을 머리의 노동으로 바꾸는 겁니다. 노동력으로 하는 일도 계속하되 가령 상가 운영이나 주식투자도 같이 해보는 겁니다. 그러면 같은 시간을 일해도 결과가 달라집니다. 대개는 다음 둘 중 하나입니다.

1. 10등에서 8등으로 올라가 노동력 투입 대비 평균 수익이 늘어난다.
2. 10등에서 유지가 잘되어 투잡, 쓰리잡으로 수익이 고정된다.

이렇게 되면 굳이 1등과 경쟁할 필요 없이 자본을 늘릴 수 있는 거죠. 그러다가 운이 들어오면 특정 업종으로 큰돈을 벌 수 있는 구간에 진입합니다. 그럼 그때 상대적으로 수익이 낮은 일을 그만두고 잘되는 일에 시간을 더 많이 할애합니다. 말하자면, 네 가지 일을 하면서 500만 원

벌다가 두 가지 일만 하면서 1천만 원을 버는 겁니다.

시대에 맞는 일을 한다
: 반도체업 사장과 도축업 사장의 사주는 같지만
결과가 다른 이유

다음은 '시대에 맞는 일을 하는 것'이 중요합니다. 아직도 자식이 전문직이나 공무원이 되기를 원하는 부모들이 많습니다. 특히 지방 쪽에요. 국제정치학과를 졸업해서 유엔에서 일하거나 외교관 되는 게 소망인 부모도 많고요. 하지만 시대상이 달라졌고 돈 버는 구조도 달라졌습니다. MZ세대들이 특히 여기에 밝은데요. 뒤에 자세히 얘기하겠습니다.

반도체 2차벤더 회사 사장님과 도축업 사장님의 사주는 비슷합니다. 사업할 운이고 사장할 운이죠. 그런데 수익은 확연히 차이가 납니다. 요즘 시대에 맞는 업종이냐, 아니냐의 차이인 거죠.

그런데 지금 시대는 워낙 변화가 빨라서 돈 되는 업종 예측이 쉽지 않습니다. 이런저런 일들에 도전해보는 것이 필요한 이유죠. 시대상에 부합하는 여러 가지 일을 하다가 어느 특정 업종이 자기 운의 타이밍과 맞아떨어질 때 수익률이 확 올라갑니다. 10등에서 5등으로 올라가는 식입니다. 그럼 그때 그 일에 무게를 실어서 인생 베팅을 하면 됩니다. 바닥부터 시작해 성공한 사람들의 고생담을 들어보면 대개 비슷합니다. 한결같이 하는 말이 있죠.

"닥치는 대로 일했다."

제가 앞에서 나열한 아르바이트 가운데 세 개 이상 해봤다면 남자분일 가능성이 크고, 여자분들 중에는 한 개 이상 해본 분도 많지 않을 겁니다. 여자분들은 대부분 자격증을 따거나 대학원으로 갑니다. 사회에 자기 능력을 어필하기 위한 준비를 차곡차곡 하려는 거죠.

아르바이트는 본업 끝나고 주로 밤에 해야 해서 그럴 수도 있겠죠. 하지만 관점과 의지 차이입니다. 온라인으로 할 수 있는 것도 많잖아요. 스마트스토어에서 샐러드 팔아서 연 매출 60억 원을 내는 30대 중반 여성 사업가도 있습니다. 알리바바에서 물건을 가져다 팔거나 해외 직구 대행하는 분들도 있죠.

일단 여러 일을 해보라고 권장할 때는 이런 식입니다. 그동안 쌓아놓은 과정이 다르다 보니 시대에 맞는 일들을 두루두루 하면서 저 기간을 버티고, 그러면서 자신을 찾아가는 과정을 만들어야 합니다. 대략 빠르면 3년, 일반적으로는 5년 걸립니다. 저는 이 정도 시간을 유지하기를 권장합니다. 그런데 많은 사람들이 이 과정을 견뎌낼 의지나 인내심이 없습니다. 그래서 저한테 필살기 하나 콕 집어달라고 하는 거겠죠.

그들이 처음부터 1등은 아니었다

제 인생에 가장 큰 영향을 준 책 중 하나가 고 정주영 회장의 《시련은 있어도 실패는 없다》인데요. 이 책에 좋은 예시가 많이 나옵니다. 정주영 회장도 어린 시절에 집을 나와 인천 부두에서 막노동도 하고 배달도 했는데 3년 만에 돈을 어느 정도 모읍니다. 제가 앞에서 3년이라고 얘기했죠? 심지어 일하던 가게 사장이 가게를 아들이 아닌 정주영 회장에게 물려줍니다. 노력과 근성으로 다른 사람이 자신을 돕게 만든 겁니다.

건설업에 대해 아는 것이 하나도 없었음에도, 그때는 건설로 돈을 벌 수 있는 시대였기 때문에 무작정 건설업을 시작합니다. 시대에 맞는 일을 찾은 것이죠. 그다음엔 자동차산업으로, 조선업으로 시대상에 부합하는 업종을 찾아 계속 도전합니다. 정주영 회장이 그런 말씀을 하셨다죠. "못 해서 안 하는 것이 아니라 안 해서 못 하는 것이다"
라고요.

이분은 어떻게 그렇게 많은 도전을 할 수 있었을까요?
어렸을 때 실패를 많이 해봐서 그렇습니다. 초반에 실패를
많이 해보니 '망하면 또 하지 뭐' 이런 마인드가 생긴 겁
니다. 그렇게 도전하고 노력하던 중에 운이 좋은 구간에
들어설 때마다 한 단계씩 도약을 한 것이죠.

정주영 회장도 처음부터 1등 운은 아니었을 겁니다. 그
러니 여러분도 '나는 운이 별로이니 돈을 못 벌겠구나' 하
고 미리 실망할 필요 없습니다. 10등짜리 여러 개로 싸우
면 됩니다. 시대에 맞는 일을 찾아서 여러 도전을 하다 보
면 운의 타이밍이 맞아떨어지는 어느 단계에서 5등으로
올라서고, 그다음에 다시 3등으로, 1등으로 가는 방법이
있습니다. 저도 그렇게 해서 여기까지 왔습니다. 여러분도
할 수 있습니다.

아직도 부모 세대처럼
성실하기만 하다면

'독립'의 진정한 의미

3부는 전체적으로 운의 흐름 바꾸기, 부의 트랙에 올라서는 법에 대한 이야기를 하고 있습니다. 그런데 왜 여기에서 갑자기 부모로부터의 독립 이야기가 나오는 걸까요? 민감한 이야기일 수 있습니다. 그리고 사람에 따라서는 깊이 공감하실 수도 있습니다.

인생을 한 단계 더 도약시키고 싶다면 마음이 아프더라도 꼭 짚고 넘어가야 하는 부분이니 부디 오해 없이 제 얘기를 잘 들어주시길 바랍니다.

부모라는 존재

아이에게 부모는 첫 스승입니다. 세상에 태어난 아이가 처음 만나는 사람이 부모이기 때문이죠. 아이는 자라면서 부모의 말과 행동을 그대로 따라 하고 배웁니다. 양육 환경이 아이에게 지대한 영향을 끼친다 해도 과언이 아닌 거죠.

이후 초등학교 입학 연령이 되어 학교에 가면 선생님들과 만나고 친구들도 사귑니다. 중학교, 고등학교, 대학교도 마찬가지입니다. 사회생활을 하면 더 많은 인간관계를 맺게 되죠. 이 과정에서 맞지 않는 사람들과는 관계를 끊기도 합니다. 내가 판단하고 선택할 수 있는 거죠. 하지만 부모는 그럴 수 없습니다. 내가 싫다고 부모를 바꿀 수는 없습니다.

제게 상담을 요청하는 분들 중 이혼 부부가 상당히 많습니다. 그때 이분들에게서 느꼈던 공통점이 있습니다. 여러분에게 일단 질문 하나를 드리고 가겠습니다.

첫째, 이혼을 거론하며 자주 싸우는 부모 밑에서 자람.
둘째, 부모의 이혼 후 한부모 밑에서 자람.

셋째, 부모가 이혼한 뒤 재혼을 해서 새엄마 혹은 새아빠 밑에서 자람.

이 중 자녀에게 최악의 환경은 몇 번째일까요? 개인 경험에 따라 답변이 달라지겠지만, 제가 보고 듣고 겪고 상담해온 바로는 첫 번째 경우인 부모가 매일 싸우는 가정입니다. 이혼은 하지 않고 어떻게든 가정을 지켜내지만 안타깝게도 이런 환경에서 자란 자녀가 성장해서 결혼을 하면 이혼하는 확률이 높더군요. 자라면서 부모의 다툼을 많이 봐온 영향이 있을 수밖에 없겠지요.

인간관계를 맺을 때요. 상대에 따라 자신의 모습이 달라지는 것을 느낄 때가 있습니다. "너, 저 사람 만나더니 사람이 확 바뀌었다"라는 말을 듣는 경우죠. 연애할 때를 생각해보세요. A를 만날 때는 짜증이 자주 나고 심경이 복잡했는데, B와 사귈 때는 매일이 즐겁고 마음 편한 경우가 있잖아요. 서로 코드가 맞느냐 안 맞느냐에 따라 관계는 이렇게 달라집니다.

부부도 마찬가지입니다. 지지고 볶으며 사는 게 인생살이라지만 유난히 치고받는 부부가 있습니다. 단순히 경제적 문제가 원인은 아닙니다. 살림이 궁색해도 큰 트러블 없이 서로를 아껴주며 사는 부부도 많으니까요. 문제는 부부의 불화가 어른들 갈등으로만 끝나지 않는다는 거예요. 자녀들에게까지 안 좋은 영향을 미칩니다.

조심스럽게 말씀을 드립니다. 더는 혼인관계를 유지할 수 없는 상황이라면 차라리 이혼하고 평화를 찾는 게 낫습니다. 그게 자녀들에게도 좋아요. 이혼 후 재혼을 하거나 연애를 하면 자녀에게 혼란을 줄 수 있어 조심해야 한다는 조언도 있지만, 저는 부모가 행복한 모습을 보여주어야 한다고 말합니다. 부모의 새 삶을 응원하는 자식도 많습니다. '상대와 맞지 않아서'의 실수는 누구나 가능합니다.

맞는 상대와 만나 행복해지는 모습을 보여주세요. 어떤 사람과는 불행했지만 어떤 사람과는 행복해질 수 있다는 것을 알게 해주세요. 아이에게 실수는 누구나 할 수 있고, 행복은 함께하는 사람에 따라 다를 수 있다는 사실을 알려주세요. 길한 인연과 흉한 인연을 이해시켜야 합니다. 자녀가 결혼 트라우마를 갖게 하지 마세요.

진정한 독립이 필요한 순간

자식과 부모도 마찬가지입니다. 내 자식이지만 내 부모이지만 궁합이 맞을 수도 있고 안 맞을 수도 있죠. 한쪽이 인내한다고 해서 관계가 달라지진 않습니다. 안 맞으면 답이 없습니다. 이럴 때는 관계를 끝내야 하는데 부모자식 간에는 그럴 수가 없습니다. 방법은 하나뿐입니다. 빨리 독립하고 성공해서 스스로에 대해 책임을 질 수밖에 없습니다.

자식을 보면 부모가 보인다는 말이 있지요. 부모는 자식의 재산 형성에도 지대한 영향을 미칩니다. 제게 상담 요청을 하기 위해 전화를 하는 분들은 잘 모르실 테지만 전화를 받는 제 입장에서는 지역적 차이가 크게 느껴집니다. 절대 지방에 계신 분들을 폄하하려는 뜻이 아닙니다. 정말 경험한 그대로 말씀드리는 거예요.

수도권과 지방으로 나누어 설명을 드리면, 지방에 사시는 분들은 여전히 고정관념에 갇혀 있다는 느낌이 들어요. 이를테면 자식이 공무원이나 교사가 되기를 희망합니다. "내 자식에게는 공무원이 딱 맞는 거 같은데 운이 있습니까?"라고 물어봅니다. 그러나 강남에 사는 사람들은 이런 질문을 거의 하지 않습니다. 특히 강남, 잠실, 목동권에 사는 분들은 공무원, 교사직에 관심이 없습니다.

재테크에 대한 질문에서도 차이를 보입니다. 지방에 사는 50대 후반 이상의 분들은 "지금 가진 부동산으로 월세를 얼마나 더 받을 수 있을까요?"를 궁금해합니다. 그러나 강남에 사는 분들은 적극적인 자산 투자에 대한 질문을 가장 많이 합니다.

그동안 베이비붐 세대에게는 통틀어 세 번의 기회가 있었습니다. IMF 사태, 리먼브라더스 사태, 코로나19 팬데믹입니다. 이 시기에 1억~2억 원을 투자해 자산을 일구신 분들이 정말 많습니다.

만약 여러분의 부모님이 30~40년 동안 사업이나 투자에 한 번도 관심이 없었거나, 지금까지 모은 자산이 10억 원 이하이면 얼른 독립하기를 권합니다. 지금부터라도 부모가 아닌 세상을 통해 투자를 배우고 재테크를 배우세요. 세상이 달라졌고 시대가 바뀌었습니다. 기회가 있습니다.

다음 항목을 통해 부모님이 그동안 어떻게 살아오셨고 지금은 어떻게 살고 계신지 체크해보세요.

1. 국민 모두에게 온 기회(IMF 사태, 리먼브러더스 사태, 코로나19 팬데믹) 이후 자산 수익과 변화를 통해 부의 증진을 이룬 적이 없다.
2. 노년 수익이 국민연금과 기초연금밖에 없다.
3. 전문적인 일을 하지 않는다.
4. 공부나 운동을 하지 않는다. 배우려는 의지가 없다.

이 중 2개 이상이 포함되나요? 그렇다면 보다 적극적으로 당신의 미래를 개척해야 합니다. 부모에게서 독립해 고군분투하길 조언합니다. 세상에는 정보도 많고 미래의 길도 다양합니다.

하지만 이미 당신은 돈 욕심 없이 성실하게만 살아온 부모의 삶에 익숙해져 있을지도 모릅니다. 오늘날은 민첩하게 움직이고 판단할 수 있게 해주는 지혜가 필요한 시대입니다. 평생을 충실하게만 살아온 부모의 코치로는 현재의 수준을 절대 넘을 수 없습니다.

제게 상담을 받으러 온 손님들 중 투자라곤 평생 해본 적 없고 은행 적금만 부어온 분들이 있습니다. 40대까지 결혼도 하지 않고 부모와 함께 사는 분도 꽤 많습니다. 특히 모범적으로만 살아온 분들을 보면 안타깝지요. 자신이 일하는 분야에서는 누구보다 뛰어난 실력을 자랑하는데 경제나 재테크를 전혀 모르니까요. 부모로부터 여기에 대해 보고 들은 게 없는 탓입니다.

잘사는 집 자녀들은 부모 교육이 다릅니다. 일찍부터 경제관념을 심어줍니다. 이렇게 배운 시간들이 10년 넘게 쌓인다고 생각해보세요. 그렇지 않은 아이들과 비교했을 때 지식과 개념 차이가 엄청나겠죠.

여러분도 초등학교 5학년 때 주식투자를 시작해 10배

가까운 수익을 낸 일본의 주식 신동 이야기를 들어보셨을 거예요. 정말 놀랍지 않나요? 수익을 내기 위해 매일 새벽 5시에 일어나 자기가 산 종목의 시세를 체크하며 분석했다고 합니다.

낳아주신 부모로부터 배울 수 없을 때는 세상의 부모, 선생님, 역할모델을 찾아 나서야 합니다. 세상이 헤아려서 떠먹여주지 않으니까요. 밖을 나가면 미래의 방향을 제시해주는 훌륭한 사람들이 많습니다. 일단 그분들로부터 삶의 자세를 배우세요.

유튜브 영상도 많은 도움이 됩니다. 사람들이 정성 들여 만든 정보와 노하우가 넘칩니다. 각 주제의 채널을 열고 공부하시면 됩니다. 늦지 않았습니다. 이제부터라도 길을 찾을 수 있어요. "세상에는 내가 몰랐던 것들이 정말 많네" 하고 느끼게 되실 겁니다.

MZ세대의 투자는 다르다

당신이 고민하는 사이
그들은 빨리 결정하고 빨리 실행한다

같은 사주를 가진 두 사람이 있습니다. 똑같이 운이 좋은 구간을 만났습니다. 이때 두 사람은 어떤 선택을 할까요? 과연 같은 선택을 할까요? 일반적으로는 당연하게 그럴 것으로 생각하겠지만, 실상은 완전히 다릅니다. 같은 사주라도 운에 대한 반응도는 엄청나게 차이가 납니다.

그 이유는 두 가지입니다. 첫 번째는 부모와 성장 배경의 차이로 인해 서로 다른 가치관과 개념을 갖게 됐기 때문이고요. 두 번째는 10대에서 30대까지의 경험이 다른 데서 오는 차이 때문입니다.

같은 사주라도 운이 다른 이유

새끼 고양이들은 엄마 고양이에게 사냥을 배웁니다. 고양이는 생후 5주 전후에 야생성이 결정되는데, 생후 2주에서 7주 사이에 사람과 접촉하지 않으면 완연하게 야생성이 발현됩니다. 반대로 이 시기에 사람을 만나면 야생성이 순치되어 사회성이 좋아집니다. 사람도 마찬가지예요. 어떤 환경에서 자랐느냐에 따라 삶의 가치관이 달라지고 운에 대한 반응도 달라집니다.

같은 사주라도 당연히 부모의 사주는 각기 다르죠. 그러니까 경험도 완전하게 달라집니다. 어떤 부모는 아이와 해외여행을 가서 다양한 경험을 하도록 해주는가 하면, 어떤 부모는 아이가 스스로 문제를 해결하며 살도록 맡겨두기도 합니다. 어떤 것이 무조건 옳다는 건 없습니다. 결국에 그 사람의 운에 따라서 대응될 테니까요.

아버지의 사업이 잘되지 않아 집안 형편이 어려웠다가 회복하는 사례를 적잖이 볼 수 있는데요. 똑같이 이러한 환경에서 자라더라도 선택은 달라질 수 있습니다. 한 사람은 잠시 경험한 가난이 끔찍하게 싫었다며 공부보다 돈 버는 쪽을 선택할 수 있겠죠. 또 다른 사람은 살다 보면 좋을 때도 있고 나쁠 때도 있구나 하는 생각으로 돈에 대해 크게 생각하지 않을 수 있습니다.

주변 환경에 따라 경험의 내용이 크게 달라지기도 하죠. 1960년도를 전후로 태어난 베이비붐세대의 부모가 겪은 길흉과 1980~2000년대 초에 태어난 MZ세대가 경험하는 길흉은 다를 수밖에 없잖아요. 최근에는 지방에 사냐, 수도권에 사냐에 따라서도 생각과 가치관의 격차가 크게 벌어지는 현상을 볼 수 있습니다.

"내가 비트코인으로 돈을 벌 사주라고요?"

시대가 변함에 따라 새로운 기술, 직종, 개념이 계속해서 나오기 때문에 저도 판단의 범위를 좀 더 거시적으로 봐야 할 때가 많습니다. 가령 사주를 보면 돈을 벌기가 어려워 보이는데 실제로는 비트코인으로 수백억 원을 번 분이 있었어요. 그분의 사주는 실물은 못 가지는 운이었습니다. 그래서 부동산은 아예 안 되는 거였고, 주식은 열심히는 하는데 시원치가 않았죠. 그러다가 비트코인은 실물이 아니니 자기한테 맞겠다는 생각으로 시작했다가 대박을 낸 겁니다. 운도 작용했겠지만, 한편으론 시대가 수익을 만들어준 것이라 볼 수 있죠.

이런 내용을 전달할 때 저도 상당히 난감합니다. 손님에게 어느 정도 기초 지식이 있어야 설명할 수 있는데, 그렇지 않으면 어떻게 이해를 시켜드려야 할지 막막하거든요. 제가 답을 망설이며 모호한 표정을 짓는 경우가 바로 이럴 때입니다.

"사주가 주식이나 비트코인, 혹은 비상장 주식이 맞을 것 같습니다."

"비트코인이요? 그런 거 해본 적 없는데요?"

"……."

"그냥 부동산이 맞는지 주식이 맞는지, 그것만 알려주세요."

"……."

이런 분들은 그동안 부모, 가족, 주변 사람이나 환경을 통해 비슷한 경험을 직간접적으로 해본 적이 없다는 건데, 그러면 이미 '기회 상실 후 출발'이라는 불리한 상황에 놓인 겁니다.

이럴 때는 제가 같은 사주로 큰돈 번 사람 이야기를 들려드리며 조언을 해도 별 반응이 없습니다. 이럴 때 그분의 뇌에서 들려오는 소리는 "너는 정보를 나열해봐. 내가 그중 맘에 드는 걸 골라볼게"이죠. 그러니 제가 아무리 열심히 설명해도 별 소득을 얻지 못한 채 "그렇군요. 알았어요"로 끝나버립니다.

만약 주변에 돈을 벌어본 사람이 있어 간접 경험이라도 해보았다면 어떨까요? 그런 분들은 제 조언을 듣고 바로 도전합니다. 그리고 결과에 상관없이 다시 저를 찾아와 상담합니다. 왜냐고요? 다른 사람의 경험을 자신의 현실로 만들기 위한 계획을 다시 세우기 위해서입니다.

MZ세대는 어떻게 돈을 버는가

한국 사회는 '압축 성장'이라 표현될 만큼 정말 빠른 변화를 겪었지요. 그렇다 보니 부모 세대와 자녀 세대의 경험에서 정말 커다란 격차가 생길 수밖에 없었습니다. 심지어 현재 60대와 40대의 경험치도 크게 다를 겁니다.

현재 60~70대는 대출 없이도 잘 살았으니 '대출받으면 죽는다'가 되고, 투자로 큰돈 버는 사례를 많이 본 50대는 자기 사업을 해야 돈 번다는 생각을 많이 합니다. 40대는 해외 주식, 비트코인 계좌는 기본이고 돈 좀 벌어본 분이라면 대출도 쉽게 생각합니다.

기술 및 경제 발전에 가속도가 붙은 오늘날, 여전히 부모 세대의 경제 지식이나 투자 원칙을 고집한다면 어떻게 될까요.. 앞에서도 얘기했지만 결과는 엄청난 자산 격차로 이어집니다.

문제는 40대 중반만 넘어도 새로운 정보와 지식을 낯설어하고 받아들이기 어려워한다는 점입니다. 30대에 이미 경제, 사람, 사회에 대한 프레임이 형성되어서가 아닐까 생각합니다. 변하지 않을 것을 아니까 군이 설득하겠다고 나서는 사람도 없지요. 자기 프레임에 갇혀 변해야겠다는 의지도 없고 기회도 얻지 못하는 상황이 되는 겁니다.

그런데 1980~2010년에 태어난 이른바 MZ세대는 어떨까요. 3차 산업혁명의 물결 속에서 디지털 사회로 이행하는 시대를 고스란히 경험한 사람들입니다. 그들은 인터넷이 없는 아날로그 세상을 거의 경험해보지 못했기 때문에 세상을 바라보는 관점 자체가 이전 세대와는 확연히 다릅니다. 스마트폰은 물론이고 인스타그램, 유튜브와 같은 SNS와 1인 미디어의 발달도 그들에게 무한한 가능성을 열어주었지요.

MZ세대의 특이점 중 한 가지가 덕질(자신이 좋아하는 행위나 취미에 파고드는 행위)을 하다가 성공하는 사례가 많다는 점인데요. 그만큼 그들은 시대 변화에 빠르게 반응하면서 개인의 취향과 가치관에 충실하고, 다양한 도전을 즐기는 세대입니다. 예전에는 성공하는 계층이 따로 있었지만, 지금은 MZ세대를 중심으로 훨씬 더 많은 이들에게 성공의 기회가 주어지고 있습니다.

이전 세대는 부동산과 주식 중 뭐가 맞는지만 따집니다. 제가 디파이(DeFi)나 NFT 이야기를 꺼내면 "그것도 꼭 해야 하나요? 그건 뭔가요?" 이러지요. 반면에 MZ세대는 "주식, 해외 주식, 부동산, 비트코인 중 뭐가 맞아요?"라고 질문합니다. 스마트폰으로 거래하는 것에도 익숙하고, 정보 습득력이 남달라서 결정도 신속하게 합니다.

2021년 여름부터 젊은 부동산 투자자들이 손님으로 정말 많이 왔습니다. 부동산 투자를 시작한 30대 가운데 집을 한 채만 가진 사람은 정말 보기 드물었습니다. 한 채만 갖고 투자하는 사람은 100명 중 7명이 채 되지 않았습니다.

최근에는 20대 후반 중에도 이런 분들이 많습니다. 특히 지방에서도요. 경남 김해에서 온 서른 살 미혼의 남자분이 아파트를 다섯 채 갖고 있다며 부동산 상담을 하는데, 정말 놀라웠습니다. 법인이 없어서 그렇지 나름 비조정 지역에 관한 공부를 하며 기간을 맞추고 있더라고요. 순천에서 온 30대 초반의 신혼부부는 특공으로 광주에 가고 싶다며 특공 당첨이 어떻게 될지, 현재 거주하는 집 매도는 어떻게 할지 묻더라고요.

예전에는 40대 이상의 분들이 하던 질문을 이제는 20대와 30대가 합니다. MZ세대는 앞으로 부동산, 비트코인, 주식투자 등에 더욱 발 빠르게 적극적으로 움직일 겁니다. 2021년 넘어오면서 그런 움직임이 크게 감지되고 있어요. 몇 달 전 NFT 매수 관련해서 팀원들과 논의하는데, 20~30대 투자자들이 매크로를 써서 앞에서 다 걷어가기 때문에 매수하기 어렵다는 얘기가 나왔습니다. 그렇죠. 빨라요.

MZ세대들은 취미를 억대의 본업으로 바꾸기도 합니다. 실제로 취미생활을 오랫동안 즐기다가 그 분야의 고수가 된 분들이 있지요. 그 정도 수준이 되면 주변 사람들이 알아서 얘기해줍니다.

"와, 이 정도면 사업해도 될 것 같아요."

"이건 좀 뜨겠는데? 너 짱이다!"

저는 사람들이 옆에서 툭툭 던지는 말도 중요하게 생각합니다. 상대는 그저 가볍게 한 말이겠지만 그 말이 운명을 바꿔놓기도 하거든요.

철권(격투게임)의 신으로 불리는 무릎님은 취미로 게임을 하다가 프로게이머가 됐죠. 유튜브 스타로 알려진 대도서관님은 개인방송으로 한 해 수십억 원의 수익을 내고 있습니다. 취미생활이 비즈니스 모델로 자리 잡은 거죠.

명예 따위 필요 없다는 그들

MZ세대에게 '관직에서 명예를 얻는다'는 관점은 뜬구름 잡는 소리가 된 지 오래이고요. 그들에게 중요한 것은 '유튜브, 인스타, 틱톡에서 얼마나 많은 팔로우가 있는가'입니다. 그 팔로우 숫자가 자부심의 바탕이고 자기 PR의 자산이 됩니다. 또 이것이 투자와도 연결됩니다. 그런 가상공간에서 빠르게 오가는 정보 변화를 투자로 이어가고 돈이 되는 걸 너무 많이 보고 자란 세대가 된 거죠. 그래서 "저 명예운이 있어요?" 하고 질문하는 순간 "전 라떼예요"가 됩니다.

40대 이후 분들은 이러한 MZ세대의 매수 감각과 경쟁해야 합니다. 40대 후반만 돼도 안정적인 운용을 목표로 보수적인 계획을 잡는 분들이 많은데 MZ세대는 다릅니다. 쉽게 배우고 쉽게 도전해요. 요즘처럼 속도가 수익률에 직결되는 시대에는 일단 하는 게 중요합니다. 실패하더라도 교훈을 얻어서 다시 해보는 태도가 중요한데 MZ세대가 그걸 잘하는 거죠. 비트코인으로 돈 번 50~60대를 찾기가 정말 어려운 이유도 '일단 해보는 것'을 잘하지 못하기 때문이 아닐까 싶습니다.

저는 2022년 들어서 대부업, 디파이, 도시형생활주택,

건축, 상가 운영, 셰어하우스를 공부하고 있습니다. 모르죠, 뭐. 일단은 혼자 공부하면서 배워보고 필드에도 가봤습니다. 제가 추천하고 싶은 건 이런 느낌이에요. 그냥 일단 해보는 것. 여러분도 MZ세대처럼 프로 도전러가 되시길 권합니다.

만약 여러분의 운이 좋다고 나왔나요? 그렇다면 "에라, 모르겠다. 그냥 해보자" 하고 뛰어드세요. 그러다 보면 "어, 이게 이렇게 되네" 하고 세상이 돈으로, 수익으로 성공 여부를 알려줄 테니까요. 참고로 운이 나쁘면 나이와 상관없이 도전도 하지 않습니다. 말만 많아요. 변명만 하고 있는지 아닌지는 본인 자신이 잘 압니다. 제가 예전에 부동산 강의 잠깐 할 때 50~60대 여자분들도 많았어요. 그러니 여러분, 나이 핑계는 이제 그만합시다.

그런데요, 100억이 되기 전까진 참아주세요

친절이 독이 되는 과정

"옛날 옛날 아주 먼 옛날에~"로 시작하는 이야기 하나 들어보시겠습니까?

친절이란 무엇인가

나이가 그래도 40대 이상인 분들이라면 이런 옛날(?) 이야기를 들어본 적 있을 거예요. 시골의 찢어지게 가난한 집 6남매 중 장녀로 태어나 초등학교도 못 다니고 서울로 올라가 혼자 돈을 벌어 나머지 동생들과 부모를 먹여 살림 얘기 말이에요.

이런 분들의 가족을 위한 희생은 다음과 같은 단계를 거칩니다.

> 돈이라도 벌어볼까 해서 집을 나와 서울로 간다. → 서울에서 떠돌이 생활을 하다가 겨우 일자리를 찾는다. → 자리 잡을 때까지 죽도록 일한다. → 먹을 것, 입을 것 아껴서 모은 돈을 가족에게 보낸다.

물론 요즘 이야기가 아닙니다. 춥고 배고팠던 시절의 이야기입니다. 제가 이런 말씀을 드리는 건 그저 이런 시절이 있었다는 걸 한 번 짚어드리기 위해서입니다. 나보다 가족이 먼저이고 조직을 우선시하던 시대가 있었습니다. 헌신, 희생, 봉사, 친절 등 타인에 대한 선의와 배려에 대한 가르침을 받으며 "남을 도와라"는 가치관을 주입받은 거죠.

그런데 여기서 저는 한 가지 의문이 듭니다. 굳이 자신의 인생을 포기하면서까지, 자신을 혹사하면서까지 남을 위해 희생해야 하는 걸까요? 어떻게 나보다 남이 먼저이길 강요할 수 있나요?

그런데 인간은 참 복잡한 동물입니다. 친절하면 그걸 이용하려는 사람이 있습니다. 또 친절함에 무슨 의도가 있는 건 아닌지 의심하는 사람도 있어요. 친절이 아름다운 동화로만 들리지 않는 이유죠.

힘내라는 어설픈 말보다 중요한 것

친절도 어설프게 발휘하면 안 됩니다. 상대가 원하지 않을 수 있거든요. 누군가 힘들어할 때 "힘내!"라는 책임감 없는 말로 응원 같지도 않은 응원하지 마세요. 안아주고 같이 울어주지도 마세요. 물론 손잡아주고 따뜻한 말 한마디 건네는 게 상대에게 힘이 될 수 있지요. 그런데 만약 그 사람이 원하는 게 돈이라면 어떨까요? 위로의 말이 도움이 될까요?

"전세금을 갑자기 올려달라고 해서 큰일이야. 이러다 길거리에 나앉게 생겼어."

"힘내. 잘될 거야."

어떤가요? 당신의 친절이 상대방에서 도움이 되었을까요? 정말로 도움을 주고 싶다면 필요한 건, 위로의 말을 전할 마음의 여유가 아니라 실질적인 도움을 줄 수 있는 곳간의 여유일 겁니다.

이 글 주제에 부합하는 말이 있어요. 바로 "곳간에서 인심 난다"라는 속담입니다. 옛날에는 창고를 곳간이라고 불렀는데요. 곡식이나 쌀 등을 보관했죠. 이 속담은 곳간에 곡식이 많이 쌓여 있어야 마음의 여유가 생기고 남에게 베풀 마음도 생긴다는 의미를 담고 있습니다. 옛날엔 곡식이 곧 돈이었으니까요. 오늘날 우리가 살아가는 자본주의 세상도 돈(경제력)이 여유의 원천입니다. 남을 돕고 싶어도 곳간에 여유가 있어야 제대로 도울 수 있단 얘기겠죠.

잘되길 바라는 마음으로 도와주지만

사회적 교류는 중요합니다. 사람 간의 교류를 잘하는 사람이 건강하게 산다는 말도 있지요. 그러나 자기 성장을 위해 무언가에 도전할 때는 혼자 하는 것이 더 효율적입니다. 부동산 투자를 하시는 분들을 예로 들어볼게요.

혼자 공부해서 투자하다가 수익이 늘어나면 꼭 지인이나 부모와 형제자매를 끌어들이는 분들이 있어요. 처음에는 자신이 수익을 봤으니 가까운 사람들도 함께 잘되길 바라는 마음으로 그렇게 합니다. 그러나 결국에는 이런저런 갈등이 생겨 결별합니다.

인간의 본성에는 시기와 질투, 과도한 염려가 있어요. 그래서 옆 사람 잘되는 모습을 보기 힘들어하기도 하고, 쓸데없는 의심을 하기도 하죠. 저는 이러한 본성을 잊지 말라고 강조합니다. 그래서 다음과 같은 조언을 드립니다.

"100억 원이 되기까지는 주변 사람들에게 재산을 알리지 마세요."

이런 말 있잖아요. 50억 원을 번 사람은 무시하려 들지만, 100억 원을 번 사람은 존경하고 그의 직원이 되고 싶어 한다는 얘기요. 상대가 아예 일정 수준을 뛰어넘어버리면 질투조차 생기지 않는 법입니다.

마티즈를 운전하고 가는데 벤츠가 교통 흐름을 방해합니다. 속으로 '아, 쟤 뭐야' 하고 불평하죠. 그런데 이번엔 롤스로이스가 끼어듭니다. "와~ 대박!" 저절로 튀어나오는 말입니다. 이 느낌 뭔지 아시죠? 저는 청담동에서 하늘색 흰색 투톤 롤스로이스를 처음 봤을 때 정말 깜짝 놀랐습니다.

이게 인간의 모습입니다. 누군가가 당신의 성공을 무시하나요? 그렇다면 그건 당신을 만만하게 생각해서입니다. "흥, 그런 정도 가지고 뭘~" 하는 겁니다. 그러니 상대가 눈이 휘둥그레질 만큼 어마어마한 결과를 보여줘야 합니다.

그러니 곳간 조금 찼다고 섣불리 주변 사람 챙기지 마세요. 그다지 고마워하지도 않을뿐더러 잘난 체하는 모습으로 보일 수도 있습니다. 자기 기분에 취해 혼자 샴페인 터트리는 모습으로 보일 수도 있거든요. 천석꾼은 시기와 질투를 받지만 만석꾼은 존경을 받는다는 옛말이 있습니다. 천석꾼은 천석꾼의 풍모가, 만석꾼은 만석꾼의 풍모가 있다는 거 아니겠어요? 더 잘되어서 더 넓고 두툼하게 베푸시는 게 나아요.

성장하는 동안에는 자신에게만 몰입하세요. 남에게 신경 쓸 시간이 없습니다. 물론 달리는 시간에는 육아에 소홀할 수도 있고 배우자를 섭섭하게 하는 일도 생길 겁니다. 노력하는 모습을 충분히 보여주고 상황에 대한 이해를 함께한 후에 목표를 달성하세요. 그런 후에 제대로 갚아주면 됩니다.

비행기에서 비상상황이 발생하면 보호자가 먼저 산소마스크를 착용하고 그다음 어린아이와 노약자를 돕습니다. 제가 드리고 싶은 말씀이 바로 이겁니다. 누군가를 살리려면 나부터 살아야 합니다. 그건 욕심이 아니에요. 자신을 지키는 것이 먼저입니다. 다른 사람에게는 나중에 베풀어도 됩니다.

자신에게 집중하는 태도에 대해 죄책감을 가질 필요는

없습니다. 목표를 향해 나아가는 길이고 다행히 잘 풀리고 있다면 좌고우면(左顧右眄) 하지 말고 마음의 고삐를 단단히 죄어야 합니다. 기다려주는 분들에게는 꼭 성공해서 보답하겠다고 티를 팍팍 내셔요. 내가 잘살아야 주변도 잘삽니다.

지금까지 드린 말씀을 정리하면 이래요.

"나부터 잘 살자. 나라도 더 빨리 위로 올라가자."

어중간한 상황에서 어설프게 서로 엮이면 다 같이 그 수준을 못 벗어나고 그렇게 살다가 죽습니다. 오랫동안 나누고 함께하려면 먼저 자신의 성장을 위해 투자하십시오. 그 뒤에 베풀어도 늦지 않습니다. 사람들로부터 시기와 질투가 아닌 존경심을 받을 수 있을 만큼 성장하세요.

불안이 극한에 달할 때 최고의 기회가 온다

인생 트랙 갈아타기

인생에도 좋은 트랙이 있을까요? 우리는 육상선수들이 달리기를 할 때 어떤 레인에서 뛰는 선수가 유리한지 지켜보곤 합니다. 물론 기량이 먼저겠지만 그럼에도 일반적으로 3~6번 트랙에서 뛰는 선수들이 기록이 잘 나온다고 합니다.

삶의 트랙은 어떨까요. 우리도 알게 모르게 저마다의 레인에서 달리고 있는지도 모르겠습니다. 지치고 힘들면 다른 길로 들어서고 싶을 때도 있고요. 인생 트랙 갈아타기. 이번에는 이 주제로 이야기를 나눠보려고 합니다.

삶이 '충격'에 맞닥뜨릴 때

인생 트랙 갈아타기는 '충격 → 받아들이기 → 해결하기' 과정을 거칩니다. 성공한 사람들의 인생을 들여다보면 모두 이러한 과정을 닮은 스토리가 있습니다. 충격이라는 단어에 좀 의아해하실 분도 있겠네요. 운의 흐름을 좀 아시는 분은 금세 눈치채셨을 테고요.

맞습니다. 운이 바뀌는 것은 어떤 충격적인 사건으로부터 시작됩니다. 나중에 다시 말씀드릴 기회가 있겠지만, 인간은 이런 식으로 다가오는 운을 거부할 수 없습니다. 좋든 싫든 받아들여야 합니다. 다만 어떤 자세로 받아들여야 하는지 그것만 알고 있으면 됩니다.

인간에게는 직관(直觀)이 있습니다. 의식보다 먼저 작용하는 감각이지요. '촉'이라 부르기도 합니다. 살면서 경험하는 다양한 사건들 속에는 다가올 변화가 잠재되어 있습니다. 그리고 인간은 이런 상황을 직감으로 알아차립니다. 순간의 아주 강렬한 통찰력이라고 할까요. 아무튼 논리적으로는 설명하기 어렵습니다.

그런데 촉은 변화의 수면 아래 잠긴, 깊은 의미까지는 파악하지 못합니다. 그래서 답답한 마음에 저를 찾아오시는 거겠죠. 길흉을 예측하고 미리 대비하고 싶으신 겁니다. 이런 준비를 하는 분들은 그나마 다행입니다. 대부분의 사람들은 그저 자기 성향대로 눈앞의 변화를 받아들입니다.

위기에 대응하는 3가지 유형

인간에게는 타고난 본성이 있습니다. 그 바탕 위에 성장 환경과 같은 외부 요소가 상호작용하면서 개인의 독특한 성격이 만들어집니다. 그리고 이 성격대로 판단하고 행동하죠.

운이 올 때도 마찬가지입니다. 어려운 일이 발생했을 때도 자기 성격대로 반응합니다. 크게 세 가지 부류로 나눌 수 있습니다.

1. 고민하다가 참고 버티는 유형
2. 문제를 해결하려고 애쓰는 유형
3. 아예 다른 길을 찾아 나서는 유형

1번과 같은 소위 '존버형'은 잘해야 현상 유지입니다. 대부분은 하락의 길을 걷습니다. 갈등을 싫어해 자신이 감수할 때가 많죠. 손해 보는 것을 싫어해 작은 도전도 힘들 어합니다.

3번은 '회피형'입니다. 1번 유형도 3번 유형도 현실의 문제를 그저 문제인 채로 받아들이고 해결하기를 포기할 때가 많습니다. 다만 1번 유형이 현실에 안주한다면 3번 유형은 그래도 다른 길을 찾아보려 합니다. 1번 유형이 수동적이라면 3번 유형은 그나마 적극적인 성향이라고 할까요.

살다 보면 어쩔 수 없이 다른 선택을 할 때가 있습니다. 하지만 힘들 때마다 도피하듯 다른 길을 찾는 건 좋은 해결책이 아닙니다. 새로운 선택을 할 때마다 운이 따라줄 리 없고, 어쩌면 더 험난한 상황에 맞닥뜨릴 수도 있기 때문이죠.

인생 레벨업을 하는 사람들은 대개 2번 '해결형'입니다. 자기 앞에 놓인 상황을 깨끗하게 인정하고 솔루션에 집중합니다. 미련, 집착, 후회 같은 감정에 잘 빠져들지 않죠.

1번 유형의 사람들은 상황을 받아들이지도 못하고 그렇다고 다른 방법을 찾기 위한 노력도 하지 않습니다. 그래서 참고 버티는 거죠. 그러나 2번 유형의 사람들은 다릅니다. 문제가 저절로 해결되길 바라는 기대가 아예 없습니다. 정신 차리고 즉시 해결책을 찾아 나섭니다.

이해를 돕기 위해 쉬운 예를 들어볼게요. 주식을 샀는데 주가가 떨어졌다고 가정해봅시다. 이때 1번, 2번, 3번 유형은 각각 어떻게 대응할까요?

1번 유형은 대부분 물타기를 하면서 버팁니다. 버티는 동안 힘든 상황을 잊어보려 MTS(Mobile Trading System)를 지우기도 합니다. 3번 유형은 다른 종목들을 더 삽니다. '이것저것 사놓으면 그중 오르는 종목이 있겠지?' 하면서요. 그러나 주식은 운 좋으면 당첨되는 로또가 아닙니다.

2번 유형은 어떨까요? 매수 시점을 잘못 선택한 실수를 깨끗하게 인정합니다. 그리고 생각합니다.

'아, 이 자리에서 매수하면 죽는구나. 손실을 만회해야겠어. 현시점에서 매수했을 때 수익이 날 종목을 찾아보자. 실패하지 않으려면 차트 분석을 먼저 해봐야겠군.'

어떤가요, 확실히 대응이 다르죠?

운은 예상한 영역을 정확하게 '피해서' 들어옵니다

그럼 다시 앞으로 돌아가, 제가 운이 바뀌는 것은 어떤 충격적인 사건으로부터 시작된다고 말씀드렸습니다. 그럼 사람들은 이렇게 묻습니다.

"충격적인 사건이 일어나기 전에 미리 준비하고 대응하면 안 되나요?"

저는 단호하게 대답합니다.

"그렇게 자기 뜻대로 흘러가는 인생은 없습니다!"

그런데 이럴 때 꼭 "제가 계획한 대로 삶이 흘러가던데요?"라고 말하는 분들이 있습니다. 물론 그런 삶도 있어요. 삶의 목표가 낮거나 평범하면 큰 소용돌이도 없으니까요.

그러나 인생의 단계를 높이고 싶은 분이라면, 계획과 목표 역시 더 높게 잡아야 합니다. 꿈을 이뤄나가는 과정에서는 크고 작은 사건이 터지고 충격적인 일도 발생합니다. 균열이 생기고 불안해집니다. 바로 이때 새로운 인생 트랙을 갈아탈 수 있는 기회가 옵니다.

보통 "운이 바뀌었다"라고 할 때 그 운은 우리가 예상한 영역을 정확하게 피해서 들어옵니다. 예상한 대로 흘러가는 흐름은 '안정'이지 '레벨업'이 될 수 없습니다. 쉽게 설명하면 이렇습니다.

예상하지 '못한' 사건이 발생했을 때가 바로 운이 '바뀌는' 타이밍입니다. 이때는 예상치 못한 상황이 어떤 결과로 이어질지 몰라 불안감이 높아지는데, 이 불안을 이겨내야 새로운 운에 올라탈 수 있습니다.

다시 주식투자의 예를 들어보겠습니다. 주가가 떨어집니다(충격), 쿨하게 자신의 실책을 인정합니다(받아들임), 주가가 떨어진 종목에 미련을 두지 않고 새로운 종목 선택을 위한 공부를 합니다(해결). 그다음엔 어떻게 해야 할까요? 자기만의 공식을 만들어 수익이 나는 자리를 찾아 매수를 해야 합니다. 즉 '실행'을 해야 합니다.

이렇게 긍정적인 결과를 얻기까지의 과정, 즉 '충격 → 받아들임 → 해결 → 실행' 과정은 3~6개월 정도에서 끝내는 게 좋습니다.

1번 '고민하다가 참고 버티는 유형'은 자신이 알고 있는 것들만 활용하며 삽니다. 그 정도 수준에서 만족하기로 했으니까요. 자신의 능력을 키울 수 있는 어떠한 준비도 하지 않아 운의 흐름이 바뀌는 타이밍이 와도 올라타지 못합니다. 인생을 바꿀 기회를 차버리는 거죠.

3번 '아예 다른 길을 찾아 나서는 유형'의 진짜 문제는 일정 수준 이상으로 성장하지 못한다는 데에 있습니다. 문제의 강도와 스트레스의 강도는 비례해서 상승하는데요. 이를 피하기만 하려 하니 결국 몸 쓰는 노동자 수준의 일 이상으로 뛰어넘지 못하게 됩니다. 그렇게 자신의 운과 진로적성 탓만 하다 나이를 먹게 되는 거죠.

2번 '문제를 해결하려고 애쓰는 유형'은 충격적인 일이 발생해도 상황을 빨리 정리해서 해결하려 합니다. 솔루션을 찾기 위해 공부도 많이 합니다. 그런데 간혹 상황이 해결된 뒤 더 이상의 도전을 하지 않는 사람이 있습니다. 그 상태에 만족한 채 실행 단계로 나아가지 않는 거죠. 2번 유형이 레벨업 타이밍을 놓치는 중요한 원인입니다.

이처럼 예상치 못한 사건과 함께 삶의 단계를 높일 수 있는 기회가 찾아와도 새로운 인생 트랙으로 갈아타지 못하는 사람들이 있습니다. 삶을 대하는 태도 때문이지요. 마음자세는 개인의 인생에 큰 영향을 미칩니다. 충격적인 일이 발생해도 불안감을 떨쳐버리고 더 나은 인생을 계획할 줄 아는 사람이 운의 새로운 흐름이 왔을 때 올라탈 타이밍을 알아챕니다. 그리고 레벨업에 성공합니다.

사주가 비슷한 두 사람이 삶의 위치가 다른 건 왜일까요. 현재 어떤 위치에 있느냐는 그 사람이 인생을 바꿀 기회가 왔을 때 어떻게 대응해왔는지에 따른 결과라 해도 과언이 아닙니다. 인생을 바꾸는 것은 도전입니다. 안정적인 흐름에 안주해선 안 됩니다.

기업 경영자들은 "위기가 기회다"라는 말을 자주 합니다. 위기에 떠밀리면 아무것도 남는 게 없지요. 그러느니 위기 속에 숨은 기회를 찾아보겠다는 다짐입니다.

인생도 마찬가집니다. 도약하고 싶다면 위기에 맞서세요. 인생을 레벨업할 수 있는 타이밍을 절대로 놓치지 않는 것, 그것이 한 단계 더 뛰어오를 수 있는 비법입니다.

우리가 좋은 동료를
만나야 하는 이유

사람의 법칙

어느 날 새로 주고받은 명함을 정리했더니 한 해에 100여 명이나 만났더라고요. 내담자들과의 만남도 적지 않은데 왜 이렇게 많은 사람들을 만나고 다녔을까요?

그건 제가 2022년부터 2024년까지를 도전하는 시기로 정했기 때문입니다. 그래서 각 분야의 전문가들과 많은 대화를 나누고 있습니다.

내가 전문가들을 만나는 이유

한 분야의 업을 이룬 전문가를 만나면 지식의 폭이 넓어집니다. 저는 전문가를 만날 때 두 개 정도의 계획을 갖고 만납니다. 그중 하나를 선택할 수 있기를 바라면서요. 그런데 그렇게 안 됩니다. 전문가를 만나고 와서 타로점을 보면 계획이 네댓 개로 늘어납니다. 원래의 점괘로 잡았던 방향이 완전히 바뀌고 머릿속도 뒤죽박죽 복잡해집니다.

여기서 잠깐 타로점에 대해 언급하고 가겠습니다. 사실 저는 단시점성학(타로) 전문가입니다. 타로점은 일반 점과 다릅니다. 인생 전반이 궁금할 때는 일반 점을 보지만, A와 B 중 어떤 걸 선택해야 할지 궁금할 때는 타로점을 봅니다.

타로점은 생년월일로 보는 운세가 아닙니다. 현재 풀어야 할 문제를 놓고 봅니다. 일반 점은 생년월일에서 출발하지만, 타로점은 질문에서 출발합니다. 주로 "제가 어떤 일을 하려는데 A와 손을 잡아야 할까요, B와 잡아야 할까요?"와 같은 물음이죠.

어쨌든 저는 어떤 분야의 전문가를 만날 때 두 개 정도의 계획을 갖고 가는데 만나고 돌아와 타로점을 보면 늘 계획이 바뀝니다. 왜일까요? 그 분야의 '전문가'를 만나고

왔기 때문입니다. 전문가를 만나 대화를 나누면 제가 가진 생각과 지식이 얼마나 협소한지를 깨닫게 되는 거죠.

얄팍한 지식으로는 그만큼의 계획 또는 방향밖에 생각해내지 못합니다. 그리고 그런 전략으로는 절대 인생이 바뀌지 않습니다. 현재의 흐름만 유지할 수 있게 해줄 뿐이죠.

살아오면서 알게 된 것은 어떤 전문가를 만나느냐에 따라 내 운이 상당 부분 정리되고 결정된다는 사실입니다. 그러나 안타깝게도 전문가를 평생 만나지 못할 가능성이 더 큽니다. 그러니 가능하다면 다양한 전문가와 만날 기회를 적극적으로 만들기를 바랍니다.

'사람과 사람' 간의 만남이 일으키는 변성

운의 타이밍을 알아채는 것도 중요합니다. 하지만 사람을 만나 '궁합을 통한 변성'을 일으키는 것도 필요합니다. 그래서 우리는 좋은 사람을 만나야 합니다. 궁합은 시너지를 일으킵니다. 새로운 에너지를 만들어내기 때문에 변성의 크기도 그만큼 커집니다.

같은 사주를 갖고 태어났다 해도 노력을 하느냐 하지 않느냐에 따라 삶의 위치가 달라집니다. 결국 운명의 수

레바퀴는 의지에 따라 굴러가는 방향을 정합니다. 그러니 많이 만나세요. 어떻게 움직여야 할지 잘 모를 때는 다양한 사람을 만나십시오. 특히 전문가로부터 얻는 지식은 앞으로 나아갈 방향을 정하는 데 큰 도움이 됩니다. 또 운명을 바꿔줄 변성을 크게 일으킵니다.

아무리 노력해도 혼자만으론 부족할 때가 있습니다. 이럴 때는 누군가를 만나 시너지를 일으켜야 합니다. 내게 도움을 줄 수 있는 능력을 가진 사람이면 더 좋고요.

다들 살 좀 빼보려 시도해본 적이 있을 겁니다. 대부분 작심삼일로 끝나고 말지만요. 그런데 전문가에게 PT를 받으면 어떨까요? 성공 가능성이 아무래도 더 커지겠죠? 이게 바로 궁합, 상생의 원리입니다. 어떤 트레이너에게 PT를 받느냐가 굉장히 중요합니다.

'길한 궁합 찾아 삼만리' 정도는 각오해야 합니다. 만약 삼만리를 찾아 헤매다 궁합이 잘 맞을 것 같은 인물을 발견했다고 가정해봅시다. 당신은 어떻게 하겠습니까.

1. 일단 만나본다.
2. 대화를 나누며 친밀감을 높인다.
3. 전문 지식을 배운다.
4. 함께 일한다.

그 인물이 어떤 분야의 전문가라면 팬이라고 소개하고 만남을 요청하십시오. 웬만하면 다 만나줍니다. 자주 만나 가까워지면 친밀감을 높일 수도 있어요. 어느 정도까지는 가능합니다. 전문 지식에 대한 요청은 그 사람이 허락하면 가능합니다.

그러나 함께 일하기는 쉽지 않을 겁니다. 사실 전문가에게 배울 수 있는 가장 좋은 기회는 함께 일할 때입니다. 내 인생에 큰 영향력을 미치기도 하지만 물론 그만큼 힘든 일도 발생합니다.

당신은 지금까지 살아오면서 30분 이상 대화해본 사람이 몇 명이나 되나요? 저는 나이와 성별을 떠나 정말 많은 사람과 대화를 나눠봤습니다. 그리고 배웠습니다. 그런데도 한계가 있더군요. 그렇게 많은 사람을 만났는데, 왜 더이상의 레벨업이 안 되는 걸까 고민이 많았죠. 그러다 깨달았습니다. '아, 사람들은 모두 춤을 추고 있는데 나 혼자 바에 앉아 있었구나.' 춤을 배우려면 함께 춰야 하는데, 저는 그 사람들이 춤추는 모습을 바라보기만 했던 거죠. 춤추는 모습 백날 봐야 춤 못 춥니다.

그러면 어떻게 해야 할까요? 내가 뭔가를 배울 수 있는 전문가를 만났을 때 또는 궁합이 잘 맞는 귀인을 만났을 때 어떻게 해야 찰떡궁합의 힘을 발휘하고 내 운명의 에너지를 바꿀 수 있을까요? 그 방법들을 알아보죠.

첫째, 일대일로 만나 배우기

강의를 들으며 배우는 형식은 일방적입니다. 쌍방향 소통이 부족하기 때문이죠. 인터넷으로 무언가를 배울 때는 한계를 느낍니다. 일방적인 주입식 강의라서 그렇습니다. 서로에게 작용을 일으키려면 일대일로 만나는 게 좋습니다.

궁금한 거 다 물어보고 아낌없이 배우세요. 내게 필요한 맞춤 정보들도 얻으시고요. 그러면서 운을 주고받는 겁니다. 물론 일대일 강의는 그만큼의 대가를 제공해야 합니다. 조금 비싼 수업료를 지불하면 됩니다. 수업료 아까워하지 마세요. 얻는 게 생각보다 많거든요.

그러다가 마음이 맞으면 다음 단계로 나아갈 수 있습니다. '동업'도 그중 하나입니다. 같은 목적 아래 파트너가 되는 거죠. 영화배우 이정재 씨와 정우성 씨처럼요. 투자도 같이하고 작품도 같이하고, 두 분은 정말 좋은 파트너 같습니다.

사업을 함께하는 게 어려우면 프로젝트라도 만들어서

일해보세요. 그 일이 뭐가 됐든 중요한 건 목표를 공유하고 함께 움직인다는 사실입니다.

둘째, 투자모임 가지기

독서모임, 공부모임도 좋지만 그것만으로는 부족합니다. 사업이나 투자도 함께해보세요. 전문적인 지식을 갖춘 사람을 만나면 배울 것이 많습니다. 투자모임을 만들어도 좋아요. 각자 잘하는 역할이 있을 테니 피드백을 주고받으면서 부족한 부분은 수정해나가면 됩니다. 실전 감각을 익히는 데는 이런 협업이 큰 도움이 됩니다.

만일 투자모임을 만들기 어려우면 운영이 잘되고 있는 기존 모임에라도 들어가세요. 용감하게 문을 두드리면 됩니다. 호랑이를 잡으려면 호랑이 굴에 들어가라는 말도 있잖아요. 호랑이 한번 잡아보겠다는 무리에 어떻게든 참여하세요. 그래야 사냥 기술을 배울 수 있습니다.

돈도 벌어보십시오. 같은 목적을 가진 이들과 함께 공부하면서 돈 버는 감각을 익혀보세요. 더러는 수익을 내고 손실도 입겠죠. 그러면서 실력이 쌓이는 겁니다. 투자는 이론 공부만으로는 안 됩니다. 실전을 통해 다양한 경험을 쌓아야 합니다. 가능하다면 당장 사냥을 나가십시오.

아쉬운 점은 진정한 고수를 만나는 일이 쉽지 않다는 겁니다. 제가 아는 고수 한 분은 2021년과 2022년에 자신의 운이 바뀌는 시기임을 알고 잠수를 탔습니다. 그분에게 뭔가 배우고 싶은 게 있어 여기저기 수소문을 해봤는데 인터넷에 썼던 글마저 전부 지웠더라고요. 그래도 포기하지 않고 더 찾아볼 작정입니다. 인생의 귀인을 만나기가 쉬울 리 있나요.

저도 2014년부터 부동산 투자모임에 참여했습니다. 팀 짜서 공부하고 발표하면서 열심히 활동했죠. 많은 도움을 받은 모임이었어요. 이렇게 실전을 통해 배우는 것은 중요합니다. 최고의 경험은 실전에 참여해보는 겁니다. 그래야 진짜 내 것이 될 수 있습니다. 인생 레벨업은 말할 것도 없고요.

움직이지 않으면
아무것도 얻을 수 없다

실행의 법칙

여러분은 하루에 몇 번이나 하늘을 올려다보나요? 저는 하늘을 자주 봅니다. 똑같은 하늘 같아도 구름의 이동에 따라 매 순간 바뀌는 풍광이 꽤 다이내믹하거든요.

우리 인생에 빗대어보면 어떨까요. 구름 한 점 없는 청명한 하늘이 제일 좋겠죠. 하지만 그런 인생은 없습니다. 구름이 잔뜩 낀 어두운 하늘일 때가 오히려 더 많습니다.

그렇게 우리는 구름이 잔뜩 낀 날과 맑은 날을 거치며 삽니다. 어느 날은 갑자기 먹구름이 모여들며 폭우가 쏟아질 때도 있고, 언제 그랬냐는 듯 청명한 날이 다시 찾아오기도 하지요. 또 어떤 날은 예보에도 없던 태풍이 몰아

치기도 합니다.

　이렇게 예상치 못한 사건이 일어나고 분위기가 바뀔 때 인생을 바꿀 만한 큰 기회가 찾아온다고 한 말, 기억하시나요? 이런 기회가 찾아왔을 때 긍정적인 결과를 얻으려면 잠재적 운을 최대한 발현해야 합니다. 잠재적 운을 최대한 발현하려면 어떻게 해야 할까요? 다음의 제 얘기를 봐주세요.

운을 작동시키기 위해서는 움직여야 합니다

　제가 20대 후반 무렵이었어요. 운세를 봐주시는 선생님들과 서로의 운을 봐주면서 담소를 나눈 적이 있는데요. 그때 한 분이 이런 말씀을 하셨습니다.

　"내가 지인에게 돈을 빌려줬는데 돌아가는 상황을 보니 돈 받기가 쉽지 않겠어. 직접 만나진 않고 전화로 갚아달라는 얘길 했는데도 더 이상의 진척이 없더라고."

　이분 말씀은 빌려준 돈을 받기 힘들다는 점괘가 나왔는데 그 운세대로 상황이 진행되었다는 얘기였습니다. 그 말을 듣고 저는 충격을 받았습니다. 그 상황에서 취할 수 있는 방법이 전혀 없었다는 건가 하고요. 점괘가 맞았으니 그 운세를 받아들여야만 할까요? 그냥 포기해야 할까요? 순간 무력감이 밀려왔습니다.

그래서 30대에는 이 문제를 끌어안고 정말 씨름을 많이 했습니다. 여러 점술에서 해답을 찾아보려 했지요. 하지만 현실을 바꿀 수 있는 답을 얻지는 못했습니다. 그러다가 어느 날 문득 깨달음을 얻었습니다. '움직여야 운이 들어온다'는 것을요. 내가 원하는 방향으로 실행해야 운도 따라와주는 것이죠.

저는 점만 보는 점쟁이가 아닙니다. 물론 택일(날짜), 택시(시간), 택방(방향)도 중요하지요. 그러나 이것들에만 의지하지 않습니다. 제가 가진 능력과 장점을 최대한 발휘하려 노력합니다.

부동산 투자를 할 때는 운을 작동시키기 위해 부지런히 움직입니다. 물건을 사들이거나 팔 때는 전화로 주문하지 않고 직접 부동산을 찾아가 얼굴을 보며 대화를 나눕니다. 그런 모습이 좋은 인상을 남기면 진행이 좀 더 빠릅니다.

아무리 좋은 날짜와 시간을 선택했더라도 노력을 하지 않으면 운은 작동하지 않습니다. 운은 누가 가져다주는 게 아닙니다. 자기 자신이 데려오는 겁니다. 저는 몸을 열심히 움직여 진행한 일들이 피드백이 더 좋았습니다. 모든 답은 현장에 있다는 말이 있습니다. 백번 맞는 말입니다. 운이 발현되는 현장은 바로 몸입니다.

"도전하지 않고 산다고 혼났어요"

손님마다 상담 시간이 다릅니다. 30분 넘게 진행되는 경우도 있고, 10분도 안 되어 끝나버리는 경우도 있습니다. 제가 상담을 오래 하는 경우가 있는데요. 어떤 경우일까요? 운이 좋은 흐름이라 적극적 조언과 처방이 필요한 분들에게 상담을 오래 하는 편이라는 건 앞에서도 말씀을 드렸었는데요.

또 하나의 경우가 있습니다. 능력에 비해 삶을 너무 평범하게 보내는 분들을 만났을 때입니다. 속도를 내어 달려도 되는데 매번 안전운전만 하는 분들이죠. 저를 찾아온 손님이 상담이 끝난 뒤 지인에게 "도전하지 않고 산다고 혼났어요"라고 말했다면요. 그 사람은 운의 흐름이 좋은 사람입니다.

이렇게 운이 좋은데 아무 의욕 없이 사는 분들을 보면 참 안타깝습니다. 노력하는 만큼 결과도 좋을 텐데 전혀 움직이지 않으니까요. 그래서 조언을 많이 합니다.

"최상위급 운을 가진 분들을 따라잡을 수 있습니다. 그러니 그 수준으로 정해놓고 도전을 해보세요."

이런 분들은 제 이야기를 들을 때는 야단맞는 느낌이지만 집에 돌아가서 생각해보면 다 맞는 말이었다고 말합니다. 그러면 이렇게 말씀드립니다.

"돈도 못 벌고 지금 애매한 형편으로 살아가는 것은 본인의 능력을 최대한 끌어올리지 않아서예요. '그렇게 살기로 스스로 합의'했기 때문이죠. 운 흐름이 좋으니까 노력하시면 반드시 좋은 결과를 얻을 수 있습니다."

평소에 노력을 안 하는 분들은 이런 조언을 잘 받아들이지 않습니다. 현실에 안주하면서 살아온 탓에 그동안 어떤 성취감도 가져본 적이 없기 때문입니다.

물론 저는 상대방에 따라 '설득'도 하고 '협상'도 하고 '포기'도 합니다.

"이런 방식으로 도전해보시는 게 좋을 것 같습니다."

제가 이렇게 말하면 두 종류의 답변이 나옵니다.

1. 여태 그런 생각은 해보지 않고 살았는데, 앞으로 생각을 바꿔봐야겠어요.
2. 제 삶은 제 방식대로 사는 게 맞는 거 같아요.

저는 2번 답변이 나오면 상담을 더 이어가지 않고 설득을 포기합니다. 이런 분들은 자기 가치관이 확실해서 자기 판단대로 삽니다. 솔직히 상담을 왜 요청했는지 이해가 안 가기도 해요. 이 책을 읽으면서 인생의 방향을 다시 고민하게 되었다면 적어도 지금까지와는 다른 인생을 살 수 있습니다.

평탄한 인생이라고요?
그래도 '도전'은 필요합니다

운의 흐름이 정말 무난한 분도 있습니다. 한 회사를 10년 이상 다닌 분들입니다. 이게 중요한 포인트입니다.

"지난 15년간 회사생활이 너무 힘들었습니다."

이렇게 말씀하시죠. 그런데 자신은 너무 힘들었다고, 최선을 다해 회사생활을 해왔다고 생각할지 몰라도 실은 운의 흐름이 좋았을 겁니다. 그런 관점에서 생각을 해봐야 합니다.

여자분들은 결혼하고 출산하면서 경력단절이 되고 이런저런 변화가 많습니다. 그러나 자영업자, 사업자가 아닌 일반 회사원이 10년 이상 한곳에서 근무하셨다면 생각보다 괜찮은 운인 겁니다. 이런 분들은 사업, 투잡, 투자를 겸업하셔도 큰 무리가 없습니다.

정리하자면 이렇습니다. 10년 이상 한 회사를 다녔다면 운이 좋은 편입니다. 그러니 자신의 좋은 운을 믿고 사업, 투자 또는 투잡을 해보십시오. 움직이세요. 살면서 그 정도 도전은 한두 번 해봐야 합니다. 그래야 레벨업이 되지요.

그런데 "다 필요 없어, 나는 이렇게 사는 게 좋아"라고 말하는 분이라면 그대로 지내셔도 됩니다. 인생은 자기가 살고 싶은 대로 흘러가는 거니까요.

당신이 사는 '곳'이
당신의 운입니다

환경의 법칙

흐름이 크게 바뀔 때 최대한 좋은 운을 발현시키기 위한 방법으로 앞에서 사람의 법칙, 실행의 법칙을 얘기했습니다. 여기에서는 환경, 즉 사는 곳에 대한 얘기를 해보려합니다.

어떤 사람들을 만나는가, 얼마나 도전하고 실행하는가만큼 중요하지 않을 수는 있지만, 환경도 흐름을 바꾸는데에 상당한 영향을 미칩니다.

사는 곳을 바꾸면
운의 '흐름'이 바뀝니다

2020년 국민건강보험공단에서 발표한 '국민 체질량 지수' 자료를 보면요. 강원, 제주 지역의 비만율이 높고 서울, 부산과 같은 대도시의 비만율이 낮습니다. 전국에서 비만율이 가장 낮은 지역은 서울입니다.

서울에서는 어떨까요? 강남구의 비만율이 가장 낮습니다. 비만율에 영향을 미치는 요인들은 소득수준, 실업률, 대중교통 만족도 등이라고 하네요.

부모의 소득수준이 낮을수록 자녀의 비만율이 높다는 사실은 이미 십수 년 전부터 여러 조사를 통해 알려졌죠. 실제로 그렇습니다. 부모의 소득수준과 교육열이 상대적으로 높은 지역일수록 자녀의 비만율이 낮게 나왔습니다. 이런 지역 얘기가 불편하신 분들이 계시겠지만 팩트만 말씀드렸습니다.

비만율은 하나의 예시로 들었을 뿐입니다. 이외에도 다양한 지역별 편차가 존재합니다. "같은 한국에 사는데 거기서 거기지, 무슨 편차가 있겠어?"라고 할 일이 아니란 거죠.

운이 바뀔 때는 심리적 불안이 따릅니다. 눈에 보이지

　　　　　　　　돈과 운의 법칙 (3) : 흐름 바꾸기

않는 파장들의 영향을 받는 거죠. 만약 운의 흐름을 바꿔 보고 싶다면 이런 불안감을 활용해보는 것도 좋아요. 그 중 괜찮은 방법은 '사는 곳'을 옮겨보는 겁니다. 사는 곳을 옮기면 적응하는 과정이 필요하잖아요. 적응하는 동안 걱정도 되고 불안하기도 하죠. 이 과정을 통해 운의 흐름이 바뀌는 겁니다. 인생 트랙도 갈아탈 수 있죠.

인간은 항상성을 추구하는 동물입니다. 다들 들어본 용어일 겁니다. 국어사전에 따르면 "생명 생체가 여러 가지 환경 변화에 대응하여 생명 현상이 제대로 일어날 수 있도록 일정한 상태를 유지하는 성질"입니다. 가령 몸이 더워지면 땀을 흘려 체온을 낮추는 것도 항상성을 지키려는 몸의 작용입니다.

인간은 몸의 항상성뿐 아니라 삶의 존속을 위한 항상성도 추구합니다. 환경이 바뀌면 적응하고 변화하면서 생존을 위해 애를 쓰죠. 생명체로서의 본능입니다. 물론 변화에 적응하려면 에너지가 필요합니다. 그런데 우리 뇌는 에너지를 최대한 효율적으로 사용하려고 합니다. 힘들고 귀찮은 건 그 때문이에요. 그래서 적응하지 못하고 도망가는 사람도 많죠.

하지만 레벨업을 하려면 몸을 움직여야 하고 환경 변화에 적극적으로 적응해야 합니다. 기회는 위기에서 오기 때문이죠. 이때의 위기에 잘 대처했을 때 안정적인 여정이 이어집니다. 이 과정을 잊지 마세요.

사는 곳을 바꾸면
'전이'가 일어납니다

영향을 주고받으면서 서로의 자리와 위치가 바뀌는 것을 '전이'라고 합니다. 마치 철가루가 자석을 만났을 때 스르륵 달라붙듯이 말이죠. 이러한 전이에 대해 이야기해보겠습니다.

예를 들어 당신이 거주 지역을 옮겼다고 가정해봅시다. 이사한 곳에서 잘 살려면 그 지역 사람들과 잘 어울려야겠죠? 우선 그들의 라이프스타일을 존중해야 합니다. 나와 다름을 받아들여야 한다는 의미죠. 이웃들과 자주 얼굴을 마주할 수 있는 일을 한다면 어떨까요? 훨씬 빨리 적응하고 익숙해질 겁니다. 사실 사는 곳을 옮긴다는 건 가까이하는 사람들을 바꾼다는 말과도 통하는 얘기입니다.

서울 강남에서 골프를 가르치는 분이 있는데 그분이 가장 중요하게 생각하는 일은 팀 짜기라고 합니다. 회원들이 자신들과 어울리게 될 사람들에 대해 매우 예민하기 때문이라네요. 자신의 성향과 맞는 사람들과 자주 어울리는 건 좋은 일입니다. 식사를 하고 대화도 나누면서 다른 사람의 삶을 들여다보고 자극도 받고 지혜도 공유할 수 있습니다. 그러면서 또 다른 성장을 하는 거죠.

팀원 중에 닮고 싶은 사람이 있으면 그 사람의 감각과 안목을 흉내 내기도 합니다. 무의식적으로 하는 행위지요. 마치 철이 자석에 달라붙듯이 감정이 따라붙습니다. 이렇게 자신도 모르게 상대를 닮고 싶어 하는 걸 저는 전이라고 표현합니다.

"나도 정장 한번 입어봐야겠어. 셔츠로는 안 되겠어."

"그동안 내 생각에만 매몰되어 산 거 같아. 인생을 업그레이드할 방법이 다양한데 말이야."

이런 깨달음이 오면서 확장된 사고를 하게 됩니다.

이렇게 적응과 전이를 거쳐 인간은 진화합니다. 이 과정이 없다면 더 나은 트랙으로 옮겨갈 수 없습니다. 나의 인생 트랙을 더 좋은 트랙으로 갈아타야 자녀에게도 좋은 유산을 물려줄 수 있습니다. 나를 진화시키는 좋은 환경이란 결국 '맹모삼천지교' 아닐까요?

"친구를 잘 사귀어야 성공한다"라는 말이 있죠. 열심히 살면 좋은 친구도 저절로 생기더군요. 사는 곳을 옮기면 친구도 자주 못 만나고 외로울 것 같지만 그렇지 않습니다. 현재 거주지에서 딱히 좋은 일도 없고 스트레스를 받고 있다면 지역을 옮겨보는 것도 괜찮습니다. 불편한 것들이 정리되면서 새로운 에너지가 옵니다.

운전면허 따고 처음 차를 살 때 대형 외제차 중고를 사야 할까요, 소형 국산차 신형을 사야 할까요? 물론 성향과 형편에 맞춰 사면 됩니다. 그런데 벤츠 중고차를 산 사람은 그 아래 수준의 차를 쳐다보지 않게 됩니다. 인간은 어떻게든 더 나은 환경과 조건을 찾고 거기에 적응하게 되어 있기 때문입니다.

거주지 혹은 활동 무대를 옮길 때 위화감이 든다느니 자존심이 상한다느니 핑계를 대면서 판단을 못 내리는 분들이 있습니다. 물론 자신의 성향대로 살면 됩니다. 불편한데 억지로 환경을 바꿀 필요는 없어요. 대신 레벨업을 기대하면 안 돼요. 현실에 안주하며 사는 사람들에게 인생 트랙을 갈아탈 수 있는 기회는 오지 않을 테니까요.

여태까지 말씀드린 내용을 정리하면 이렇습니다. 운이 막혀 있다는 생각이 들면 형편이 안 되더라도 운 좋은 사람이 많이 사는 지역으로 옮겨보세요. 그들과 상생하면서 전이 과정을 열심히 통과하십시오. 운이 상승하면서 빛을 발하게 됩니다.

현재 지내는 곳에서 매일 답답함이 느껴진다면 빨리 탈출하십시오. 그리고 무리를 해서라도 좋은 에너지가 흐르는 곳으로 가십시오. 환경을 바꾸니 이상하게 기분이 좋고 생기가 넘친다면 운의 흐름을 바꿔줄 에너지가 몰려온다는 증거입니다. 곧 좋은 운에 올라탈 기회도 얻을 겁니다.

최선을 다해 좋은 날, 빛나는 날을 택할 것

택일의 법칙

마지막으로 택일에 대해 얘기해보겠습니다. 지금까지 했던 얘기 중 가장 낯설 수 있겠네요. 흔히 알려진 대로 이름을 바꾸거나 금붙이를 달고 다니거나, 하는 방법보다 훨씬 더 확실한 개운의 방법이라고 생각하기에 여러분에게 택일에 대해 설명드리려 합니다.

'좋은 날'과 '좋은 시간'을 정해야 하는 이유

독자분들은 짐작하시겠지만, 저는 좋은 날과 좋은 시간

을 선택해서 움직입니다. 좋은 운이 들어오는 날에는 손님을 상담하지 않고, 대신 제 일과 연관된 사람들을 만납니다.

왜 택일을 하는 걸까요? 세상에는 길과 흉 중에 흉이 더 많아서 그렇습니다. 진짜 택일을 해보면요. 한 달에 길한 날이 3분의 1 이하입니다. 절반 이상이 좋은 날이 아니에요. 그러니 우리 삶은 대개 불안정할 수밖에 없습니다.

그렇다면 길운을 만날 확률은 얼마나 될까요?

2022년 5월(피곤한 달)

Sun	Mon	Tue	Wed	Thu	Fri	Sun
1 택 문서깨짐	2 택 쉰다	3 택 안정62	4 택 문서깨짐	5 택 피곤	6 택 55	7 택 사업
8 택 놀기	9 택 남에게 당함	10 택 문서	11 택 쉰다	12 택 사람깨짐	13 택 문서깨짐	14 택 피곤
15 택 55	16 택 사업	17 택 놀기	18 택 55대충	19 택 문서	20 택 쉰다	21 택 2-2대출

2022년 5월의 제 운세입니다. 저만 보는 거라 대충 표시해놓는 달력인데 운이 안 좋은 달을 설명하려고 가져왔습니다. 21일 중 좋은 날이 5일밖에 없네요. 쉰다, 문서 깨짐, 피곤 등으로 표시된 날짜가 더 많습니다. 인생이 이렇습니

다. 좋은 날이 거의 없죠? 이런 달은 컨디션도 안 좋고 몸도 피곤합니다.

운이 좋지 않은 날에는 신기하게 크고 작은 사건이 일어납니다. 그래서 실수할 수 있는 날임을 인지하고 조심하면서 보내야 합니다. 제 경우에는 손님들이 몰려옵니다. 운 좋은 날에는 손님이 없거나 덜 옵니다. 그리고 어떻게 아는 건지 그런 날 딱, 들이닥치는 분들이 있어요. 그분들이 제 운세를 알 리는 없잖아요. 신기하게도 "오늘 시간 되나요?" 묻고는 방문을 합니다. 제가 특별한 상대에게 기분 좋게 쓰임을 당하는(?) 거지요.

길운일 때는 미뤄뒀던 일이라도 해야 합니다. 뭘 해도 운이 좋게 흐르니까요. 자신의 소망과 목적을 위해 한 걸음 더 나아가는 시간으로 만들면 좋습니다. 그러나 길운이라고 해서 무조건 좋은 일만 생기는 건 아닙니다. 몸을 움직여 뭐라도 해야 하고 운명을 변화시키는 습관을 들여야 합니다. 매일매일 그렇게 하면 낙숫물이 바위에 구멍을 뚫듯 운명도 바뀝니다.

택일이 특히 중요한 경우가 있습니다. 사실 여기에 대해서는 논란이 있을 수 있습니다. 그럼에도 말씀을 드립니다. 자식이 태어난다면 그날은 꼭 택일하는 것을 추천합니다. 나와 가장 가까운 에너지를 주고받을 가족을 길운

돈과 운의 법칙 (3) : 흐름 바꾸기

으로 만들 수 있는 거의 유일한 방법이 바로 택일입니다. 자기 인생에서 가장 중요한 존재인 가족을 길운으로 만날 수 있다면 그런 기회는 일단 잡고 봐야죠. 대신 꼭 신뢰할 만한 사람에게 택일을 맡기시고요.

택일은 좋은 운으로 향하는 지혜입니다

좋은 날짜와 시간을 잡는 건 점의 정수이고, 이것들을 잘 운용하는 것은 능력이라고 합니다. 지혜라고도 하지요. 인내하고 받아들이고 노력하고 나아가는 과정에서 꼭 필요합니다.

좋은 날과 시간을 선택하는 것은 결국 피흉추길(避凶趨吉) 즉 흉을 피하고 좋은 일에 나아가는 지혜라 할 수 있습니다. 나쁜 운을 멀리하고 좋은 운을 가져오는 적극적인 방편이거든요. "난 앞으로 어떤가요?", "뭐가 좋을까요?" 하는 단순한 질문에 대한 답이 아닌 거죠.

점이란 거대한 세상의 운을 살펴보고 거기에 맞게 대응하는 일종의 전략이자 전술입니다. 미래를 알고 싶은 호기심에서 점을 보지만 결국은 균형 있는 삶을 추구하는 데 도움을 얻지요. 실제로 점괘 해석은 중용, 즉 섭리에 순응

할 것을 가르치는 철학에 바탕을 두고 있습니다. 인생과 점은 상생관계일 수밖에 없어요. 내 운을 알게 되고 삶의 방향을 깨닫게 되니까요.

운명을 편하게 받아들이고 내가 할 수 있는 걸 하면 됩니다. 바로 이 지점에서 남들보다 한 걸음 두 걸음 더 나아갈 수 있는 에너지가 생긴다고 저는 생각합니다. 그러나 안 되는 환경에서는 몸부림치지 마세요. 실망과 절망만 남을 테니까요. 때로는 자신의 신념이 아집으로 작용하지 않았는지도 돌아봐야 합니다.

"노력하면 된다", "나는 점 같은 거 안 본다"라고 말씀하시는 분들은 점에 구체적인 해법이 있다고 생각하지 않는 것 같습니다. 점괘에 기대기보다는 자신이 최선을 다했는지를 더 중요하게 보는 것이죠. 공자님도 주역을 거듭해서 읽으며 공부했지만 함부로 운명을 논하지 않았다고 합니다. 해결책보다는 자기 자신을 다스리는 지침으로 활용했던 거지요.

미래가 궁금한 것은 인간의 본능입니다. 그래서 점술은 앞으로도 사라지지 않을 것 같습니다. 모두들 각자의 관점으로 운을 이해하고 받아들이면 됩니다. 부디 자신에게 오는 운의 흐름을 잘 파악해서 피흉추길 하시길 기원드립니다.

에필로그

오늘도 열심히 살아온
당신에게

─────── ⁓⁓⁓ ───────

   '에필로그'라고 되어 있지만 실은 편지를 쓰려 합니다. 제가 이 책을 쓰게 만든 '그분'들을 향한 편지이지요. 생각만 하고 행동하지 않는 분들, 자신의 가능성을 의심하는 분들, 틀 안에 갇혀 멀리 보지 못하는 분들, 큰 그릇을 갖고 있음에도 발휘하지 않는 분들, 그래서 너무 안타까운 분들……. 독자 여러분은 어떠신가요? 공감을 하신다면 제 편지에서 위로와 용기를 얻고 부디 자신의 오랜 틀을 깨고 한 발자국이라도 앞으로 나아가주었으면 합니다. 이런 저의 바람을 담아 편지를 드립니다.

여러분은 지금껏 충분히 열심히 해오셨고 잘해오셨습니다. 이제 자신의 만족과 행복을 위한 도전을 시작해보세요. 작은 것도 괜찮아요. 여러분이 스스로 자기를 먼저 챙기고 그래서 만족을 해야 주변 사람들도 행복하고 여러분을 더 소중히 여기게 될 겁니다.

저도 그렇게 하나씩 새로운 도전을 하며 여기까지 왔고, 말도 안 된다 여긴 것들을 하나씩 해보며 목표를 이뤄왔습니다. 그 과정에서 내가 어떤 사람인지 더 잘 알게 되었고, 지금도 자신을 찾는 여정을 계속하고 있습니다.

내 인생에 대해 내가 아는 것에 더 집중하여 나를 찾는 삶. 그렇게 자기 중심으로 살아야 인생의 만족도가 높아집니다. 이제 사회적 통념에, 거짓 이미지에 세뇌당한 것을 자신이 원한 것이라 착각하며 시간과 에너지를 갈아넣는 것을 멈추세요. 남이 원하는 이야기를 해주기 위해 자기 욕구를 참아가며 주어진 일을 꾸역꾸역하는 것도 그만 하세요. 이제 모든 시간과 에너지를 자기 욕구에 초점을 맞춰 쓰세요.

사람은 자신을 얼마나 정직하게 드러내며 살아왔는지, 얼마나 자기 주도적으로 주변 환경을 바꾸며 살아왔는지에 따라 자기 존재의 크기가 결정됩니다. 그것이 또한 같은 사주임에도 더 큰 만족도를 누리게 되는 요인이 됩니다.

같은 사주라고 비슷비슷하게 살 거라고 짐작하지 마세요. 같은 사주라도 어떻게 사느냐에 따라 특히 30대 중반 이후부터는 많은 것이 달라집니다.

조금은 나만 생각해도 괜찮아요. 자기 자신의 만족과 행복을 위해 조금 더 욕심을 내도 괜찮아요. 욕심은 나쁜 것이 아닙니다. 세상과 시대에 세뇌당해 도구로 쓰이는 삶을 살지 않아도 됩니다. 하나씩 내 것을 찾아 나가다 보면 새로운 내가 보이고 또 다른 길이 보일 겁니다.

여러분이 잘되기를,
오늘도 진심으로 기원합니다.

스페셜

Q & A

Q1

돈이 모이는 사주,
돈이 새는 사주가 따로 있나요?

— 정말 많은 분들이 궁금해하시는 내용입니다. 네, 실제로 사주에 재물운을 기본으로 깔고 있는 분들이 있습니다.

그런데요. 제가 책에서 여러 번 중요하게 언급한 것처럼 아무리 좋은 운이 있어도 본인이 뭔가 실행하지 않으면 발현이 되지 않습니다. 이미 상당한 부를 쌓은 분들을 보면 대부분 재물운이 있어요. 그런데 더 눈여겨봐야 할 것은 그분들 모두 한결같이 뭐든 '해보려는 의지'가 강하다는 점입니다.

돈이 모이는 사주를 가진 분들은 할까 말까 고민하지 않습니다. 대신 "일단 해볼 건데 좋은 시점이 언제인가요?"라고 묻습니다. 어딘가에서 재물운이 있다는 말을 한 번이라도 들어봤는데 그렇게 살고 있지 않다면 자신의 행동력을 돌아보고 점검해보기를 바랍니다.

반대로 재물을 쌓을 운이 안 되는 분들은 일단 뭔가 행동을 하는 데에 한세월 걸리죠. 그분들의 특징은 질문할 때 '만약'이 많다는 겁니다. 굉장히 안 좋은 신호입니다. 무의식에서 '내가 그걸 잘할 리가 없다'는 신호를 보내는 것이라 볼 수 있거든요. 손님이 "만약에요~"라고 이야기를 시작하면 그때부터 '아, 상담은 사실상 끝났고 저 분은 못하겠구나' 하는 생각이 듭니다. 그러니 마음속으로 '만약'이라는 생각이 든다면 '내가 안 된다는 생각을 먼저 하고 있구나'라는 걸 자각하세요. 그런 다음 '만약'을 빼고 되는 방향으로 질문을 수정해보세요.

그리고 질문해주신 것처럼 새는 사주라는 것이 따로 있진 않습니다. 다만 당하는 구간과 안 좋은 시기는 있을 수 있죠. 너무 걱정하지 마세요. 그럴 때는 미리 알고 대응하면 됩니다. 가장 쉽고 편한 대응은 안 좋은 구간에는 무리해서 일을 벌이지 않는 겁니다. 평소의 생활에 충실하고 지금 가진 것, 지금 하는 것을 지키는 것에 방점을 두세요. '그렇구나' 하면서 잘 버텨내는 것에 목표를 두고 시간을 잘 흘려보내는 거죠. 안 좋은 구간을 잘 버텨내고, 좋은 구간을 최대한 활용해 부를 축적하는 것이 기본적인 전략이라 할 수 있습니다.

Q2

주식이나 로또로 큰돈을 벌고 싶습니다

— 간략히 말하면 로또에 당첨이 되는 사람은 정해져 있지 않습니다. 복권운은 랜덤입니다.

하지만 주식이 잘되는 사주는 따로 있습니다. 저는 주식으로 50억 원 이상의 수익을 내거나 현업에 종사하고 있는 분들의 사주 데이터를 굉장히 많이 가지고 있는데요. 그분들이 가진 사주의 공통점이 있기는 합니다.

그런데 요즈음 주식으로 돈을 벌었다고 하시는 분들이 줄어드는 추세입니다. 그 이유는 프로그램(기계)으로 매매하는 시대가 되었기 때문입니다. 인간의 실수는 기계와 비교하면 치명적이어서 난이도가 더욱 높아졌습니다. 그래서 예전처럼 분석을 잘하는 사람들보다 잔꾀가 많고 의심이 많은 사람들이 살아남는 시대가 되었습니다. 수많은 데이터, 전문가와 싸워야 하다 보니 이제 단순히 "나는 주식 운이 있어" 식의 운으로 싸우기는 쉽지 않아졌습니다.

Q3

저는 한 번도
청약에 당첨된 적이 없는데요

— 당첨이 잘되는 사주는 실제로 청약 당첨이 쉽게 됩니다. 이른바 '줍줍이'라고 하는 것도 잘되더라고요. '문서운을 가지고 있다'고도 표현합니다. 그래서 부동산 쪽에는 '청무피사'라는 유행어가 있지요? '청약은 무슨, 그냥 피 주고 사!'

안 되면 청약을 과감히 포기하고 다른 방향으로 전략을 수정하는 것도 필요합니다. 부동산에 청약이라는 방법만 있는 건 아니잖아요? '남들 다 청약 당첨돼서 2~3배 벌었다는데 나는 왜 안 되나' 하고 상심하지 마세요.

부동산 투자에도 세부적인 장르가 여럿이고, 그중 자신에게 맞는 장르는 따로 있습니다. 건물, 아파트(신축, 구축), 재개발, 재건축, 경매……. 엄청 많죠? 일부만 알면서 그것이 다인 줄 아는 사람이 생각보다 많아요. 일단 시야를 좀 더 넓혀서 공부해보자고요. 너무 조급하게 생각하지 말고요. 기회는 언제든 다시 찾아옵니다.

Q4

대운이면 무조건 좋은 거, 맞지요?

— 일단 대운의 정의를 바로 아는 게 중요합니다. 대운은 생애주기에서 10년의 구간을 말하는 겁니다. 올해부터 대운이라는 말을 들었다면, 향후 10년간은 운이 좋은 구간이라는 의미일 확률이 높겠네요. '대운이 좋다'고 하면 기본 이상 되는 구간은 맞습니다. 당연히 돈의 흐름도 좋겠지요. 10년 동안 내 오른손에는 따뜻한 손난로가, 왼손에는 시원한 선풍기가 들려 있는 구간이라고 할까요. 추위가 와도 더위가 와도 방어가 되죠.

그런데 대운이라 하더라도 분절적으로 더 좋은 시기를 찾아서 공략하는 것이 필요합니다. 10년은 사실 무척 긴 시간이잖아요. 실제로 점사로 좋은 운을 볼 때는 대운 10년, 소운, 세운으로 세세하게 범위를 좁혀가며 맞춰봅니다.

저도 실제로 좋은 운의 구간을 점찍어 드릴 때 대운을

먼저 보고, 소운과 세운에서도 가장 좋은 시기를 찾곤 합니다. 그럼 운이 좋은 구간이 매우 여러 개로 분절되겠지요? 사업이든 투자이든 타이밍에 잘 맞춰서 하는 것을 권해드립니다.

Q5

"운이 남아돈다"는 말을 들었는데,
이거 어떻게 해야 하나요?

― 저도 운의 관점에서 아쉬운 경우를 종종 봅니다. 기본적으로 좋은 운을 타고났는데도 운을 다 쓰지 못한 채 사는 경우죠. 사실 여기에는 주변 환경, 주변 사람의 영향이 크게 작용합니다. 주변에서 보고 들으며 자란 것을 뛰어넘어 생각하고 실행하고 도전하는 게 쉽지 않죠. 그래서 그 틀 안에 자신을 가둔 채 판단하고 선택하며 살아왔을 가능성이 큽니다.

"운이 남아돈다"는 말을 들었나요? 그래서 운을 더 잘 쓰는 쪽으로 변화를 꾀하고 싶나요? 그럼 어떻게 해야 할까요?

일단 환경을 바꾸는 것이 첫 번째입니다. 사는 동네, 만나는 사람, 하는 일을 바꾸는 것이죠. "성공하려면 일단 큰물로 가라"는 말이 있습니다. 마찬가집니다.

부자가 되려면 부자들이 있는 곳으로 가야 합니다. 돈

버는 경험을 여러 번 해본 부자들에게 그들의 습관, 가치관, 사고방식을 배우세요. 그런데 현실적으로는 부자들을 만나기가 쉽지 않으니 그들의 강의를 찾아 듣고, 그들이 쓴 책을 읽으며 그들의 생각과 태도를 따라 해보는 것도 괜찮습니다. 환경을 바꾸기 위한 간접적인 노력인 셈이지요.

환경을 바꾸는 일은 대단히 중요합니다. 작은 시도부터 당장 해야 합니다. 모임에 나가서 새롭게 배우고, 더 좋은 동네로 이사할 계획을 세우고, 이직을 하고, 사업을 준비하는 것 등이 모두 포함됩니다.

대부분 여러분이 마음은 있지만 실행하지 못하고 있는 것들이죠. 그만큼 실천이 어렵다는 의미겠지만, 그렇다고 생각만으로 끝나선 안 됩니다. 반드시 본인이 직접 실행해야 합니다.

생각해보세요. 주변 환경조차 바꾸지 못하는데 어떻게 인생을 바꿀 수 있겠어요. 지금 당장 작게라도 환경을 바꾸기 위한 뭔가를 해보세요. 아까운 운을 낭비하지 말고 이제라도 자기 자신을 위해 온전히 써보길 바랍니다.

Q6

장사나 사업을 하고 싶은데,
사업운이 없으면 못 하는 건가요?

— 저를 찾아오는 분들 중 상당수가 비슷한 질문을 합니다. "회사를 그만둬도 될까요?" 하고요. 저는 뭐라고 답할까요? 의외로 바로 점사를 보지 않습니다. 먼저 자신의 마음을 들여다보길 권합니다.

단순히 '지금 당장 힘들어서 아무것도 하고 싶지 않다'라면 자기 자신을 좀 더 보듬어주세요. 운에서 안 좋은 구간을 지나는 중일 수 있습니다.

하지만 '지금의 직장생활이 너무 답답하다, 뭔가 다른 도전을 하고 싶다'라면 이야기가 다릅니다. 그쪽으로 운이 없다고 나왔다고요? 사업을 한다는 것은 그 자체가 운이 꽤 좋다는 것을 의미합니다. 저는 직업의 최상위군을 사업가로 보거든요. 소위 '사' 자 직업 가진 분들도 기관에 몸담았다가 잘되면 개인 이름을 걸고 사업체를 차리잖아요.

어쩌면 아직 때가 오지 않은 것일 수 있습니다. 소소한 창업 아이템을 찾아서 일단 시도해보세요. 그러다 보면 되는 게 있을 거예요. 되느냐 마느냐는 세상이 돈으로 말해주거든요. 돈이 되는 무언가를 발견하면 그때부터는 거기에 집중해서 좀 더 범위를 넓혀보세요. 사업은 정도의 차이가 있을 뿐 누구나 일정 선까지는 가능합니다.

또한 사업운이 있다는 관점이 점을 보는 사람들마다 다릅니다. 저는 '안전한 운' 정도만 되어도 도전해보시라고 권합니다. 운이 안전한 상태에 있다면 노력 대비 효율이 좋을 테니까요. 그러니 사업운이 없다는 말에 집중하지 마세요. 자기 상황을 먼저 냉정하게 파악한 다음, 구체적인 행동 전략을 짜고 실행하는 것이 중요합니다.

Q7

그럼 '운이 나쁜 구간'에서는 어떻게 해야 하나요?

— '운이 좋은 구간'에서는 쉬지 않고 도전하고 움직이라고 여러 번 강조했습니다. 그렇다면 반대일 경우엔 어떻게 해야 할까요?

"일이 너무 안 풀리는데 어떻게 해야 하나요?"

"이번에도 승진에서 물먹었습니다. 일단 퇴사하고 이직을 준비해볼까요?"

"매출이 최악이네요. 다른 업종으로 바꿔볼까요?"

이렇게 운이 나쁜 구간에 있을 때는요. 단순합니다. 하시던 일 그대로 하세요. 새로운 일은 벌이지 마세요. 지키는 것에 집중하세요.

만약 운이 나쁜 구간에서 가만히 있지 않고 뭔가를 계속 벌이면 어떻게 될까요? 맞습니다. 계속 나빠집니다. '지하실 밑에 지하실이 또 있다' 그런 이야기가 됩니다.

오래 알고 지낸 손님이 남편 분을 소개해주었습니다. 20년간 사업을 해온 분입니다. 그 남편 분과도 상담을 몇 년 동안 이어오다가 결정적으로 친해진 계기가 있는데요. 그분이 1년 정도 운의 흐름이 좋지 않은 때가 있었습니다. 쉬라고 말씀드렸죠. 그런데 "뭔 일 있겠어?"하며 새로운 사업을 시작하셨대요. 이후 진행하던 사업에서 세관 압류를 당하면서 새 사업에서 손을 떼게 되었습니다. 그 후부터는 시기가 나쁘다고 하면 완급 조절을 하게 되셨고요.

저에게는 오랫동안 함께해온 손님이 꽤 많습니다. 그분들이 결정적으로 나쁜 운 때를 경험할 때 무난히 넘기도록 도와드리면서 연을 맺은 경우가 많습니다. 미리미리 나쁜 이야기를 해드릴 수밖에 없는 저의 숙명 같은 것이죠. 하지만 그 고비를 무사히 넘기고 나면 그 뒤부터는 함께 인생을 걸어가는 동반자 관계가 됩니다.

이런 일도 있었습니다. 40대 중반의 사업가이신데 왠지 느낌이 싸하다면서 사업을 일부 정리하고는 2년간 골프만 치신 거죠. 저를 보지 않았을 때 그런 결정을 혼자 내린 겁니다. 2년 후 처음 만나 상담을 했는데 제가 "나쁜 2년이 끝나갑니다"라고 했더니 그분이 깜짝 놀라더라고요. 자기도 그런 생각이 들어서 쉬었는데 이제 다시 시작하면 되는가를 물어보러 왔다고 하더라고요. 이렇게 스스로 느끼고 완급 조절을 잘하는 분도 있구나 싶어 저도 놀란 기억이 있습니다.

사람들은요, 운이 좋지 않은 구간에 들어섰다고 하면 '주변 사람이 도와주겠지', '색다른 개운 방법이나 해결책이 있을 거야'라고 생각합니다. 하지만 대부분은 운이 나쁘구나 하고 느꼈다면 이미 인력으로 어찌할 수 없는 방향으로 넘어가기 시작한 후입니다. 그러니 그럴 때는 아예 시작하지 않는 것이 첫 번째 상책입니다. 두 번째는 전문가, 그러니까 '사' 직업군인 변호사, 세무사, 회계사, 의사들을 통해 어려운 문제를 돈을 주고 해결하는 것이 가장 빠릅니다. 그런 것을 잘하도록 트레이닝이 된 분들이니까요.

가장 안 좋은 하책이 뭘까요? 지인, 부모에게 도움을 구하는 경우입니다. 그들에게 도움을 받아야만 하는 피치 못할 상황을 만들어놓고서는 원하는 도움을 못 받으면 "믿는 도끼에 발등 찍혔다"라며 혼자 억울해하곤 하시는데요. 여러모로 참 안타까운 일입니다.

Q8

'운이 잘 풀리는 시기'를
어떻게 알아볼 수 있을까요?

— 저는 학문적으로 접근해서 그 구간을 알아봅니다. 하지만 여러분이 그렇게 하기는 어렵지요. 스스로 알아보는 방법은 이렇습니다.

이유는 알 수 없지만 이상하게 3~6개월간 연속해서 좋은 일이 생길 때, 또는 남들이 "너 요즘 좋은 일 많이 생기는구나" 할 때, 예전에는 5시간 걸리던 일이 30분 만에 끝나거나 자신의 제안이나 전략을 윗사람이나 주변 사람들이 잘 받아들여줄 때, 이럴 때가 운이 좋아진 때입니다. 타인의 질투심을 유발하는 구간이기도 하죠.

좋은 일이 연속적으로 생기고 있나요? 그럼 가만히 있으면 안 됩니다. 움직여야 합니다. 일을 도모해야 합니다. 물론 길운일 때 인생 최고의 추억이 만들어지기도 해요. 사랑하는 사람과 즐거운 시간을 갖고 아름다운 추억을 만들어 평생 기억하는 것도 의미 있습니다.

하지만 인생 레벨업을 원한다면 그 이상의 결과물을 만들어내야죠. 이 시기에 하는 도전이 인생 최대의 결과를 만들어낼 수 있음을 잘 기억하길 바랍니다.

길운인 사람과 일하면
덩달아 나까지 잘 풀린다는 게 사실인가요?

— 나와 길운인 사람, 흔히 말하는 좋은 궁합을 보통 사람이 알아볼 방법은 거의 없습니다. 진짜 어려워요. 그러니까 많은 사람들이 궁합을 보러 저에게 오는 거겠죠?

오랜 기간 손님으로 알고 지낸 한 여성 사장님은 한 해 상반기에만 40~50명의 사주를 들고 옵니다. 자신과 가장 길운인 이성을 만나려고 그런 것도 있고요. 또 회사 내 새로운 팀을 조직할 때, 인사이동이나 신규직원 채용할 때 직원들의 사주를 보기도 합니다. 실적과 성과를 내야 하는 중요한 일이니까요.

길운은 그만큼 중요합니다. 저는 "운에서 사람이 사람을 구한다"라고 표현하기도 합니다. 길운을 가진 사람과 함께하면 나쁜 일 자체가 덜 일어납니다. 좋은 운을 가진 사람은 알아서 나쁜 일을 피하기 때문입니다. 길운을 인생의 동반자로 두고 살아온 사람들은 그 느낌을 본능적으로 알아요. 함께 있으면 에너지가 빠르게 충전된다고 하더라고요.

제가 우스갯소리로 이렇게 말하기도 합니다. 길운과 함께 손잡고 드라이브하면 어떤 느낌일 것 같냐고요. 그냥 아무것도 안 해도 세상을 다 가진 느낌이에요. 처음 누군가를 사랑할 때처럼 마치 그런 느낌입니다.

성별, 나이, 지위를 막론하고 자신과 길운인 사람을 만나는 일은 절대적으로 중요합니다. 당연히 안 될 일도 되게 할 수 있지요. 그런 사람을 우리는 '귀인'이라 부르기도 합니다. 운이 좋은 구간에, 내게 길운인 사람과 함께한다면 어떻게 될까요? '천하무적'이라는 말은 이럴 때 쓰는 거겠죠.

그래서 저는 다양한 모임에 적극적으로 나가는 걸 추천합니다. 새로운 분야에 대해 알고 공부하는 의미도 있지만, 사람 간의 교류에서 얻는 에너지는 직접 느껴봐야만 알 수 있거든요. 만나보지 않으면 절대 알 수 없죠.

Q10

**동업이나 공동 투자를 할 때,
또는 프로젝트를 여럿이 같이할 때는
누구의 운을 봐야 하나요?**

— 어떤 일을 여러 사람이 같이한다고 하면, 다음과 같은 세 가지 경우가 생길 겁니다.

1. 운이 좋은 사람 + 운이 좋은 사람
2. 운이 나쁜 사람 + 운이 좋은 사람
3. 운이 나쁜 사람 + 운이 나쁜 사람

이렇게 세 가지 조합으로 일을 시작하면 결과는 어떻게 될까요? 재미있게도 모두 하나의 결과에 도달합니다. '혼자 남게 된다'입니다.

1번의 경우는 오래가는 일도 드물지만 사실 같이하는 일도 드뭅니다. 왜냐하면 하늘 아래 머리가 둘일 수는 없기 때문이죠. 특히 돈 문제, 사업 문제에서는 더욱 그렇습니다. 결국 1등, 2등이 가려지게 됩니다. 설령 같이 시작했다 하더라도 결국은 3~5년 차 이상으로 갈 때 이권 관계에서 찢어지게 됩니다. 충분히 각자 따로 할 수 있다는 것을 그 기간 동안 깨닫게 되기 때문이죠.

2번의 경우는 어떨까요? 주로 운이 좋은 사람이 오너처럼 일하고, 운이 나쁜 사람이 직원처럼 일하는 경우가 많습니다. 그럼 어떻게 될까요? 좋은 운의 사람에게 나쁜 운의 사람이 당합니다(!). 만약 운이 좋은 사람이 상대를 잘 회유한다면 운이 나쁜 사람은 오랫동안 끌려다니며 그 아래에서 일하게 되겠지요.

3번의 경우는 어떻게 되냐고요? 아무 걱정할 필요 없습니다. 그럴 일이 거의 생기지 않습니다. 서로 논의만 열심히 하고 내년에 만납니다. 즉 실행력이 없습니다.

그러다 보니 진짜 운 좋은 사람들은 '혼자' 하게 됩니다. 동업을 하는 것이 아니라 주변 사람들의 도움을 받으면서 앞으로 나아갑니다. 큰 회사들의 창업 초기에 같이하는 경우는 있더라도 아들 대로 상속된 후에까지 이어지는 일은 없죠. '팔든가, 혼자 하든가'가 일반적입니다. 이름난 기업들의 동업은 대부분 3년 안에 끝이 나고요. 잘되는 기업들은 겉으로는 동업같이 보이지만 사실 '투자'를 받은 경우가 많습니다.

그러면 여기서 부동산 투자로 예를 들어볼게요. 자주 듣는 이야기일 텐데요. 엄마가 아들에게 부동산을 사주는 경우를 보겠습니다. 이런 상황에서 이 투자는 엄마 운을 따라갈까요, 아들 운을 따라갈까요?

네, 답은 그 물건을 좋다고 생각하고 사준 엄마의 판단, 엄마의 운을 따라갑니다. 보통은 자기 운에 맞게 물건을 고르는 경우가 일반적인데요. 여기에서 엄마는 10년 후에 재개발 운이 좋은 사주를 가지고 있고 그래서 10년 후에 재개발될 좋은 물건을 사서 이것을 아들에게 준 것이죠.

부동산을 받은 아들이 그 뒤에 물건을 어떻게 운용할지는 모릅니다. 하지만 매입한 물건의 운의 흐름은 일단 엄마의 관점, 판단, 운을 따라갑니다. 즉 아들에게 넘어간 것이 중요한 게 아니라, 물건이 좋다고 판단한 사람의 운이 중요하다는 거죠.

주식도 마찬가지입니다. A가 판단하고 A를 믿고 B가 따라가는 거지, B가 자기만의 주체적인 생각으로 그 주식을 산 것이 아니니까요.

그럼요. 만약에 운이 좋은 사람이 누구인지, 운이 나쁜 사람이 누구인지를 알았다고 해봐요. 그럼 어떻게 하는 편이 좋을까요? 쉬운 예를 들어볼게요. 실제로 제가 매일 겪는 일입니다. 점을 보는 일을 하는 동료가 있습니다. 둘

중에 누가 오늘 운이 좋은 날인지 서로 잘 알아요. 그럼 오늘 치킨을 먹을지 삼겹살을 먹을지를 운이 좋은 사람이 고르도록 합니다. 왜 이렇게까지 하냐고요? 기왕 먹을 거 제대로 먹고 싶잖아요. 일부러 운이 나쁜 사람이 음식을 골라보기도 했습니다. 꽝이 나옵니다. 나쁜 운이었던 제가 고른 치킨이 그날따라 너무 튀겨져서 나와요. 맛이 없습니다. 그런 식이에요. 이런 비슷한 일을 몇 번 겪으면 음식 주문조차도 그날 운 좋은 사람 말을 따라가는 편이 낫다는 것을 알게 됩니다.

이런 것은 국가는 물론이요, 회사, 가정집의 대소사에까지 통용됩니다. 좋은 운의 사람이 학력이 높은 사람보다 '단순한 일에서는' 더 좋은 판단을 할 수 있다는 얘기죠. 그래서 리더의 운이 그토록 중요한 것입니다.

돈과 운의 법칙

초판 1쇄 발행 2023년 3월 27일
초판 3쇄 발행 2023년 4월 10일

지은이 남택수
펴낸이 이정아 **경영자문** 박시형

펴낸곳 서삼독

책임편집 이정아 **마케팅** 이주형, 양근모, 권금숙, 양봉호 **온라인홍보팀** 현나래, 신하은
해외기획 우정민, 배혜림 **디지털콘텐츠** 김명래, 최은정, 김혜정, 서유정
경영지원 홍성택, 김현우, 강신우 **제작** 이진영

출판신고 2006년 9월 25일 제406-2006-000210호
주소 서울시 마포구 월드컵북로 396 누리꿈스퀘어 비즈니스타워 18층
전화 02-6712-9861 **팩스** 02-6712-9810 **이메일** info@smpk.kr

© 남택수(저작권자와 맺은 특약에 따라 검인을 생략합니다)
ISBN 979-11-6534-702-4   03320